브랜드 여행

세 계 여 행 에 서 발 견 한 브 랜 드 의 비 밀

브랜드 여행

✈ 김지헌·김상률 지음

KMAC

차
례

Part 1. Eat 먹다

Part 2. **Sleep** 자다

Part3. Play 놀다

Part 4. **Shop** 사다

Part 5. Move 이동하다

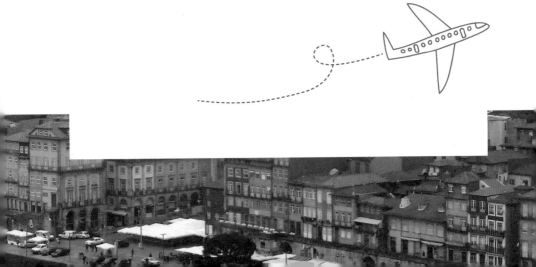

읽기 전 주의사항

① 이 책에 등장하는 미국과 아시아 국가에 관한 여행 스토리는 주로 김지헌 저자의 경험이며, 유럽에 관한 여행 스토리는 김상률 저자의 경험이다. 호기심이 많은 독자들을 배려해 각 스토리의 시작 부분에 일러스트 이미지를 활용하여 저자를 표기했다.

② 브랜드 여행의 경험은 지극히 개인적인 것으로 공동 저술을 했음에도 불구하고 두 저자 간에 의견 차이가 있는 부분들이 있었다. 예를 들면 김지헌 저자는 싱가포르항공을 이용한 경험이 특별하지 않았던 반면, 김상률 저자에게는 매우 의미 있는 경험이었다. 이 경우 두 사람의 의견을 통일하거나 양방향의 글을 쓰기 위해 노력하기보다 해당 부분을 저술하는 저자의 의견을 전적으로 존중하기로 했다. 어차피 독자들과도 브랜드 경험에 대한 상당한 차이가 존재할 것이 분명하기 때문이다.

③ 적어도 이 책을 출간하기 전까지는 책에서 긍정적으로 소개하고 있는 브랜드들로부터 어떠한 홍보 청탁을 받지 않았으며, 불만족한 경험을 준 특정 브랜드들에 대해서도 글의 힘을 빌려 나쁜 영향을 끼치겠다는 마음으로 글을 쓰지 않았다.

④ 김지헌 저자의 브랜드 여행 스토리 중 일부는 저자가 약 2년간 롯데GRS그룹에 기고한 칼럼의 내용을 근간으로 하고 있으며, 미리 사전 양해를 구하고 책에 담았음을 밝힌다.

당신에게 여행은
어떤 의미인가

서울대 행복센터장을 맡고 있는 최인철 교수는 여행을 '행복 종합선물세트'라고 말한다. 우리가 일상에서 경험하고 있는 수많은 일들을 행복의 두 가지 조건인 '재미'와 '의미'를 기준으로 평가한 결과 산책, 먹기, 대화 등이 두 조건을 가장 잘 충족시키는데, 여행은 이들을 종합한 것과 같기 때문이다.

물론 우리는 누구와 언제, 어떤 이유로 여행을 떠나는지에 따라 함께 걷고 먹고 대화 나누는 것이 마냥 기쁘지 않을 수도 있다. 그럼에도 불구하고 알랭 드 보통이 자신의 저서 〈여행의 기술〉에서 "인생에서 비행기를 타고 하늘로 올라가는 몇 초보다 더 해방감을 주는 시간은 찾아보기 힘들다"고 이야기한 것처럼, 그 어떤 것도 여행이 주는 설렘을 대체하기는 쉽지 않다.

　서울대 행복센터의 연구 결과 중 나의 눈길을 사로잡은 또 한 가지는 독서에 대한 사람들의 인식이었다. 우리나라 사람들은 독서를 육아나 쇼핑보다도 더 재미없고 의미 없는 일로 인식하고 있다는 내용이었다.

　실제로 우리나라 성인들의 연간 평균 독서량은 고작 7.5권이라고 한다. 심지어 이건 종이책과 전자책을 모두 합친 숫자이고, 종이책만을 따지자면 1년에 1권 이상 읽는 사람은 겨우 절반을 웃도는 수준(독서율 52.1%)이다.[*]

　이처럼 사람들이 읽는 책의 수는 매우 제한적이며, 그나마 몇 권 안 되는 책들도 자신의 일과 관련된 전문 서적에 집중된 경향이 있다. 내가 읽는 책들도 80% 이상이 전공 분야인 마케팅과 심리학에 관한 것들이다.

　그런데 아쉽게도 전공 분야의 책들은 '재미'와 '의미'라는 행복의 두 가지 조건을 동시에 충족시키기가 쉽지 않다. 그래서 나는 '행복 종합 선물세트'라 불리는 여행을 소재로 한 브랜딩 책이 있다면, 어쩌면 독서를 더 행복한 일상으로 생각하지 않을까 하는 막연한 기대감을 가지고 이 책을 기획하게 되었다.

　같은 시간, 같은 공간에 머물러도 사람들이 보고 듣고 느끼는 것에는 확연한 차이가 있다. 특히 여행에 관한 경험은 더욱 그러하다. 함께 여

---

[*] 문화체육관광부의 '2019년 국민 독서 실태 조사' 보고서에 따르면 한국 성인의 연간 평균 독서량은 7.5권, 독서율은 52.1%였다. 이는 2017년과 비교하면 각각 1.9권, 7.8%포인트 줄어든 수치다. 독서량은 1년간 읽은 일반 도서(교과서, 학습참고서, 수험서, 잡지, 만화 제외) 권수를, 독서율은 1년간 일반 도서를 1권 이상 읽은 사람의 비율을 가리킨다.

행을 떠난 후 돌아오는 비행기 안에서 서로가 찍은 사진들을 교환해 본 적이 있는가. 그렇다면 함께한 여행이라고 말하기 무색할 만큼 사진에 담긴 생각과 감정의 깊이가 다르게 느껴진 경험은 없었는가.

이는 각자가 살아온 모습과 경험이 다르기 때문이다. 우리는 새로운 정보를 있는 그대로 받아들이지 않는다. 자신에게 의미 있는 정보만을 선별하여 오감을 통해 받아들인 후 과거의 기억과 통합하는 과정에서 재해석한다. 결국 살아가면서 기록해 둔 머릿속 기억의 조각들이 새롭게 떠나는 여행에 대한 경험의 차이를 만들어 낼 수 있다는 말이다.

이 책은 나와 김상률 박사가 여행을 떠나 잠시 걸음을 멈추고 생각한 '개인적인' 브랜드 경험에 관한 내용을 담고 있다. 그러니 독자들 중 우리와 같은 공간을 다녀왔더라도 시점에 따라, 혹은 경험의 방향이나 폭, 깊이에 따라 생각에 차이가 있을 수 있다. 게다가 이 책은 정확한 정보를 제공하기 위한 여행 가이드북이 아니다. 생각의 다름을 옳고 그름의 잣대로 바라보지 않기를 부탁드린다.

나는 브랜드에 대한 소비자의 심리를 분석하고 연구하는 브랜드 심리학자이다. 학문의 특성상 큰 숲의 모양보다는 숲을 이루는 작은 나무들의 변화에 관심을 가지고 있다. 따라서 사소한 일상을 관찰하고 생각하는 것을 좋아한다. 그리고 사람들의 생각과 행동 변화에 관심이 많다. 영화를 볼 때도 광활한 우주를 얘기하는 것보다 작은 마을의 연인이 느끼는 감정선의 미묘한 변화를 세밀하게 다루는 것을 좋아한다.

여행의 경험도 비슷하다. 그랜드캐년의 광활한 풍경보다는 잠시 쉬어 간 숙소 화장실 앞에 있던 작은 전구 하나가 더 기억에 남는다. 그러니 이 책에서 내가 소개하는 내용 중 상당 부분이 브랜드와 관련된 아주 작고 사소한 경험들을 다루고 있다는 점을 미리 말해 두고 싶다.

사소한 경험이 단서가 되어 내 생각이 깊어지다 보면 작은 것을 지나치게 확대 해석한 것처럼 느껴질 수도 있을 것이다. 하지만 경험에는 정답이 없다. 관점의 차이가 만드는 기억의 차이가 있을 뿐.

이 책에서는 김상률 박사와 내가 지난 10여 년 동안 여행을 하면서 만난 다양한 브랜드들에 대한 경험들을 먹고, 자고, 놀고, 쇼핑하는 것과 같은 여행지에서 소비자가 취하는 기본 행위들을 중심으로 분류하였다.

물론 오늘날 소비자의 경험은 결합Convergence과 연속Continuity의 특성을 가지기에, 여행지에서 먹고 자고 쇼핑하는 것이 하나의 놀이 행위로 귀결될 수 있다. 그럼에도 불구하고 이 책을 '브랜드 경험의 5가지 핵심 코드'와 같은, 좀 더 끌림이 있는 키워드 중심으로 구성하지 않은 이유는 에세이 형식의 책을 쓰고 싶다는 온전한 나의 고집 때문이다.

혹자는 이러한 구성이 인위적이며 비현실적이라고 비판할 수 있다. 하지만 나는 믿는다. 딱딱한 경영학 책들과는 달리 함께 여행을 떠나온 듯 자연스레 독자들을 브랜드 경험의 세계에 초대할 수 있을 것이라고.

혹여 이 책을 읽고 나서 우리와의 브랜드 여행에 관심이 생겼다면, 인

스타그램이나 페이스북에서 '#브랜드여행'이란 해시태그로 검색해 보길 바란다. 책에는 미처 담지 못한 많은 이야기들을 그곳에 풀어놓았다.

특히 나는 최근 1년 동안(2019년 7월~2020년 7월) 가족들과 미국 노스캐롤라이나주 듀크대학Duke University에서 연구년을 보내면서 단기 여행자들과 달리 여러 브랜드들을 반복적으로 깊이 있게 소비하고 생각해 볼 기회가 있었다. 그 경험들은 "#미국에서일년살기"라는 해시태그를 별도로 달아 두었다.

아쉽게도 아직 이 책의 공동 저자인 김상률 박사와는 브랜드 여행을 떠난 적이 없다. 하지만 함께 콘텐츠를 정리하며 서로의 다른 관점과 경험을 공유하는 것에 큰 행복감을 느꼈다. 이 책이 독자들의 큰 사랑을 받는다면 다음 책의 콘텐츠를 수집한다는 핑계로 꼭 함께 여행을 떠나고 싶다. 물론 세상에서 가장 받기 힘들다는 '하우스 비자'가 발급된다면 말이다.

마지막으로 이 책이 나올 수 있게 여행을 함께해 주고, 또 때로는 혼자 떠날 수 있게 믿고 배려해 준 가족들에게 진심으로 감사를 전한다.

프롤로그

고객에게 만족을 뛰어넘어
행복감을 전달하라

2008년 여름 호주에서의 두 달 살기 경험이 지금까지 43개국 80개의 도시 여행으로 이어지고 있다. 내가 해외에서 경험한 그 나라의 문화와 역사 그리고 브랜드에 관한 내용들을 강의 시간에 학생들과 공유하였을 때 꽤나 반응이 좋았던 것은 여행을 갈망하는 그들의 심정을 대변해 주었기 때문인 것 같다.

　브랜드 관련 컨설팅을 시작한 지 어느덧 올해로 20년이 되었다. 지난 20년 동안 국내 대기업 및 중소기업, 최근에는 창업 기업에 이르기까지 수많은 기업들의 신규 기업 브랜드와 제품 브랜드의 전략 및 네이밍, 슬로건 개발 등에 관한 다양한 프로젝트를 진행하였다. 그 과정에서 해외 브랜드 관련 사례들의 경우 주로 데스크 리서치를 하다 보니 현지에서의 직접적인 경험들이 아쉬운 순간이 종종 있었다.

그러던 중 하나투어문화재단에 근무하는 이상진 팀장과 이야기를 나누었는데, 매년 떠나는 해외여행을 브랜드라는 테마로 연결하면 좋을 것 같다는 조언을 듣게 되었다. 이때부터 '브랜드 여행'이라는 목적을 가지고 해외를 돌아다니기 시작했다.

브랜드 아이덴티티Brand Identity는 주로 시각적 요소(로고 디자인, 패키지 디자인, 캐릭터 디자인 등)와 청각적 요소(이름Name, 슬로건Slogan, 징글Jingle 등)로 구성된다. 그런데 브랜드 관련 일을 하다 보니 이 두 가지 감각 이외에 다른 감각들이 브랜드 태도에 어떤 영향을 미칠 수 있는지, 그리고 이것이 소비자 행복에 어떤 영향을 미칠 수 있는지 궁금해졌다.

지적 호기심을 해결하기 위해 나는 이 내용을 박사 과정에서 연구해 보았다.* 그리고 내가 내린 결론은 하나의 감각보다 다중 감각의 경험이 브랜드 태도 및 경험적 가치에 긍정적인 영향을 미치고, 이것이 매개가 되어 소비자 행복에 영향을 미칠 수 있다는 것이다.

이 연구로 인해 나는 '브랜드 경험 박사'라는 타이틀을 얻게 되었다. 그리고 브랜드 여행을 하며 브랜드 경험 사례들을 모으기 시작했다. 해당 국가나 도시에서 경험한 브랜드들 중 브랜드 아이덴티티 관점에서 독특한 사례들을 찾게 되었고, 감각 마케팅 관점에서 오감을 충족해 주는 활동들도 관심 있게 살펴보게 되었다.

---

* 박사 과정 논문의 제목은 '브랜드 프랜차이즈 매장에서의 감각적 경험이 브랜드 태도, 경험적 가치 그리고 소비자 행복에 미치는 영향'이다.

　유명 관광지가 아닌 곳을 여행할 때는 블로그나 인스타그램, 유튜브, 구글 검색 등을 통해 다른 사람들이 경험한 부분을 찾아보고 그 중 자료로서 가치가 있다고 판단되는 브랜드들을 수집하기도 했다. 때로는 미리 수집해 간 자료들이 아니라 길을 걷다 우연히 마주한 브랜드들이 여행의 묘미가 되기도 했다.

　한편 나는 앞서의 연구를 통해 '만족감Satisfaction'과 '행복감Happiness'을 구분하게 되었는데, 만족이 단순 이성적 관점에서의 충족 개념이라면 행복은 만족이 충족된 상태에서 감성적 관점까지 포괄하는 것을 의미한다. 예를 들어 가격이 1만 3000원인 스테이크를 먹고 '1만 3000원답네'라고 느낀 것을 우리는 만족이라 일컫는다. 이에 반해 행복은 '인생 스테이크를 만났어'라고 감탄할 때처럼 감성적인 부분까지 포괄한다.

　오늘날 브랜드가 성공하기 위해서는 고객을 만족시키는 것을 뛰어넘어 행복감을 줄 수 있어야 한다. 여행 또한 마찬가지다. 단순 만족한 여행이 아닌, 행복감을 느낀 여행이 더 가치가 있을 것이다.

　여행은 떠나기 전에 '설렘'을, 여행지에서는 '흥분'과 때로는 '당혹감'을, 돌아온 후에는 '여운'을 남기는 것 같다. 물질재가 순간의 만족감을 주는 데 큰 역할을 한다면, 경험재는 순간의 만족감뿐 아니라 영원한 행복감을 줄 수 있다. 그 경험재의 대표적인 상품이 바로 여행이 아닐까.

2018년 여름, 공저자인 김지헌 교수가 지도하는 브랜드 연구 소모임 '브랜디스Brandis' 제자들을 대상으로 '두바이와 몰타에서의 여행 경험'에 관한 특강을 진행한 적이 있다. 그때 김지헌 교수와 브랜드 여행을 주제로 책을 같이 써 보자는 생각을 공유하게 되었다. 서로가 다녀온 여행지와 경험한 브랜드들에 상당한 차이가 존재했고, 브랜드를 바라보는 생각의 결이 달랐기에 시너지를 낼 수 있을 것 같았다.

그리고 이 책을 계기로 그동안 막연히 수집해 오던 브랜드 여행의 콘텐츠들을 정리해 볼 기회를 갖게 되었다. 43개국 모든 국가의 사례들을 다 담을 수는 없었지만 브랜드 경험 관점에서 독특하고 알면 도움이 될 만한 사례들을 선별하여 구성하였다. 여행 중 영상으로 담은 브랜드 경험들은 유튜브 '브랜드여행' 채널에서 찾아볼 수 있다.

이 책에는 내가 해외여행을 하면서 다양한 브랜드들을 경험하고 좋았던 기억, 좋지 않았던 기억들이 소소하게, 하지만 얕지 않은 깊이로 담겨 있다. 이 책이 브랜드에 대해 관심을 가진 분들에게 다양한 시사점을 줄 수 있게 되길 기대하며, 그동안 브랜드 여행을 할 수 있게 옆에서 조력해 준 와이프 김수현 쇼호스트에게 감사를 전한다.

EAT

PART 1

먹다

마지막 디테일이
오랫동안 기억에 남는다

그리스 _ 스폰디

가격보다 값진 디테일을 경험하다

2019년 2월에서 3월 사이, 그리스 여행을 계획할 때였다. 나는 보통 여행을 계획할 때 해당 국가의 전통 음식이나 그것을 취급하는 유명 식당을 먼저 알아보는 편인데, 그때는 불현듯 전통 음식점이 아닌 미슐랭 가이드에 선정된 레스토랑을 가보고 싶다는 생각이 들었다.

그렇게 찾은 곳이 아테네에 위치한 '스폰디Spondi'였다. 예약을 하려고 알아보니 특이하게도 스폰디는 오후 8시부터 다음날 새벽 1시까지 늦은 저녁 시간에만 문을 열었다. 유명 레스토랑이 점심시간에 영업을 하지 않는다는 사실도 낯설었지만, 그리스인들의 저녁 식사가 대부분 오후 8시부터 시작한다는 점 또한 문화적 차이로 다가왔다.

낮 동안 아테네 시내에서 주요 광장을 돌아다니다 예약 시간이 가까워져서 택시를 탔다. 기사 분께 스폰디 주소를 알려주니 '매우 비싼Very expensive' 레스토랑이라며 나와 일행에게 어디서 왔냐고 물어봤다. 한국에서 왔다고 하니 어설픈 한국어로 "안녕"이라고 인사를 건네며 말을 이어갔다.

그는 스폰디가 아테네에서 상당히 유명한 곳으로 일반 샐러리맨들은 쉽게 갈 수 있는 곳이 아니라고 했다. 그 말을 듣고 나니 너무 비싼 건 아닐까 조금 걱정이 되었다. 식사 비용에 대해서는 미리 알아보지 않은 상태였기 때문이다.

얼마 후 마침내 택시가 내려준 레스토랑 입구에는 아무런 간판이 없었다. 의아해하며 안으로 들어서자 직원이 예약을 확인하고는 친절한 인사와 함께 코트를 받아 주었다. 실내는 매우 조용한 분위기였는데, 아크로폴리스Acropolis에서 본 고대 그리스 시대의 석조 건물 이미지를 일부 차용하고 있었다.

식사는 4가지 코스 요리를 주문했다. 와인 페어링을 제외하고 1인당 약 13만 원이었으니 우려했던 것보다는 비싸지 않은 가격이었다. 하지만 당시 어려운 경제 상황으로 인해 IMF 구제금융 하에 있던 그리스의 1인당 국민소득을 감안해 보면 택시 기사가 왜 그렇게 비싸다고 했는지 이해할 수 있었다.

주문을 마치자 테이블 매니저가 내 앞에 놓인 나이프와 포크를 가져갔다. 애피타이저Appetizer가 나올 때 다시 가져다줄 것이라고 생각했지만 예상과 달랐다. 그래서 매니저에게 포크를 가져다 달라고 주문했더니 그는 의외의 대답을 했다. 포크는 필요 없으며 손님의 손이 포크라는 것이다. 그리고 이 애피타이저는 손으로 먹을 때 더 맛있다고 덧붙였다.

나는 오감이 브랜드 경험에 미치는 영향을 연구하면서 치킨을 먹을 때 도구를 사용하는 것과 손으로 집어 먹는 것, 어느 것이 더 맛있을까 궁금해 한 적이 있었다. 치킨은 아니었지만 포크 대신 손으로 먹어 보니 손끝에 느껴지는 갓 구운 빵의 따뜻함이 미각을 더 자극하는 것 같았다.

이후 식전 빵이 나왔을 때에야 뭔가 어색하다는 사실을 깨달았다. 처음에 레스토랑이 매우 조용하다고 느낀 것은 아무런 음악이 없기 때문이었다. 여느 레스토랑과 달리 청각적 요소를 배제한 덕분일까. 빵을 뜯는 순간 '바스락' 하는 소리가 매우 크게 들렸고 입안에 넣고 먹는 동안에도 바삭하게 씹히는 소리가 더 크게 느껴졌다.

매니저에게 왜 음악을 틀지 않는지 물어보며 혹시 음식의 소리에 집중하게 하기 위한 것이냐고 하니 '맞다'고 했다. 그는 나에게 혹시 셰프냐고 되물으며 음악이 왜 없는지 물어본 손님은 처음이라고 했다. 나는 웃으며 오감을 연구하다 보니 흥미로워서 질문하게 되었다고 답했다.

그때까지 나는 청각적 요소가 공간의 분위기를 연출하고 브랜드를 인지시키는 데 매우 중요한 역할을 한다고 생각했다. 그런데 음식의 소리에 집중할 수 있도록 음악을 틀지 않은 스폰디의 전략을 보며 청각을

요감을 잘 활용하는 '스폰디'

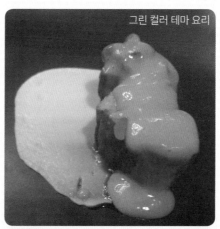

그린 컬러 테마 요리

Restaurant SPONDI

spondi

Friday, 1st of March 2019

Menu "Initiation"

Potato
Smoked Eel/ Mushroom/ Parsley

Scallop
Cauliflower/ Chive/ Arenkha

Presa Iberico Pork
Pomegranate/ Parsnip/ Thai Basil

Chocolate Araguani from Venezuela
Creamy Chocolate-Caramel/ Hazelnut Crumble/ Raspberry Sorbet

나만을 위한 메뉴판

비롯한 새로운 오감 활용법에 대해 고민해 보게 되었다.

스폰디는 시각적 요소에도 남다른 정성을 기울이고 있었다. 그날의 음식 컬러를 선정하여 그 컬러의 소스를 활용한 요리들을 제공하고 있었던 것이다. 내가 방문한 날은 그린 컬러를 테마로 한 요리들이 제공되었는데 수프와 스테이크 소스, 디저트까지 모두 통일되게 그린 계열로 장식되어 있었다.

만족스러운 식사를 끝낸 후 매니저에게 오늘 내가 먹은 요리들에 대해 좀 더 알고 싶으니 사진을 찍을 수 있게 메뉴판을 다시 달라고 요청했다. 그러자 그는 손님을 위한 메뉴판이 따로 준비되어 있다고 했다. 처음에는 무슨 말인지 정확히 이해하지 못했는데, 코트를 받고 나갈 때 매니저가 건네준 메뉴판을 보고서야 '손님을 위한'이란 표현의 의미를 알게 되었다.

메뉴판에는 방문한 날짜, 그날 먹은 요리들과 예약자 이름까지 상세히 적혀 있었다. 그야말로 나만을 위한 작은 디테일에 큰 감동을 받으면서, 스폰디는 단순히 맛있는 음식을 제공하기에 미슐랭Michelin 레스토랑이 된 것이 아닐 거란 생각이 들었다. 음악과 요리의 색상 그리고 마지막 순간 보여준 디테일한 서비스까지, 고객 감동을 위한 남다른 노력이 있었기에 미슐랭 2스타라는 결과를 얻은 게 아니었을까. 특히 개별 고객을 위한 메뉴판 선물은 고객만족을 넘어 고객의 행복감을 높이는 역할을 톡톡히 해내고 있었다.

'아키라 백'의 QR코드 메뉴판과 양면 사용 젓가락

우리나라에서도 종종 작은 디테일까지 신경을 쓴 브랜드들을 만나곤 한다. 특히 코로나19로 인해 국내 레스토랑의 서비스가 많이 달라지고 있음을 느낀다. 2020년 9월 말 지인과의 식사 약속을 위해 방문한 포시즌스 호텔 서울Four Seasons Hotel Seoul의 일식 전문점 '아키라 백Akira Baik'이 그러했다.

안으로 들어가자 가장 먼저 마스크 보관용 파우치를 건네주었는데, 식사를 하는 동안 벗어 둘 수밖에 없는 마스크를 위생적으로 보관하라는 작은 배려였다. 자리를 안내받은 후에는 메뉴판 대신 QR 코드로 주문하는 방법을 알려주었다. 아마도 메뉴판은 여러 고객이 공동으로 사용하는 것이니만큼 바이러스 감염으로부터 조금이라도 안전하게 고객들을 보호하려는 의도일 것이다.

젓가락에서도 레스토랑 측의 세심함을 엿볼 수 있었다. 음식이 나온 후 젓가락을 집어 들었을 때 앞과 뒤를 모두 활용할 수 있는 형태임을 발견했다. 음식을 셰어하는 것이 일상적인 한국인들을 위해 한쪽으로는 셰어 음식을 담고 다른 한쪽으로 자기 접시의 것을 먹을 수 있도록 특별히 제작한 것이리라. 코로나19 시대에 젓가락 활용의 변화라고나 할까. 언뜻 별 것 아닌 아이디어처럼 보이지만, 고객을 위한 디테일한 서비스 제공이 무엇이고 이것이 왜 브랜드 차별화에 중요한지를 새삼 깨닫게 해준 경험이었다.

감각적 경험의 일관성이
행복감을 만든다

에스토니아_ 올데 한자

중세로의 오감 여행

2013년 2월, 나는 발트해 연안 국가들 중 하나인 에스토니아의 탈린 Tallinn이란 도시를 방문했다. 핀란드 헬싱키에서 크루즈를 타면 약 2시간 30분 후에 도착하는 곳인데, 핀란드 사람들은 물가가 저렴하고 주류세가 없어 술을 구매하러 많이들 방문한다고 한다.

　구글링Googling을 통해 미리 알아본 탈린은 현대적 이미지의 신시가新市街와 중세적 이미지의 구시가舊市街가 공존하는 매우 매력적인 곳이었다. 항구에 도착한 후 신시가보다는 구시가를 먼저 봐야겠다는 생각으로 옛 성터가 있던 곳으로 향했다.

　그곳에서는 중세시대 복장을 하고 볶은 땅콩을 판매하는 상인들과 활터에서 활을 쏘는 사람들을 만날 수 있었다. 구시가를 한 바퀴 돌아본 후 배가 고파 레스토랑을 검색하던 중 15세기 중세시대 이미지를 물씬 풍기는 '올데 한자Olde Hansa Restorans'라는 펍이 눈에 띄었다. 올데 한자라는 이름은 고대 독일어로 '옛 부족Old tribe'을 의미하며 '진정한 중세시대 음식을 경험할 수 있는 곳'으로 사람들에게 소개되고 있었다.

펍 입구에 들어서자 마치 중세 어느 도시 속으로 들어온 듯한 착각이 들었다. 종업원들은 모두 기사복과 코르셋을 입고 있었고, 의자와 식탁도 오래된 나무 재질로 되어 있었다. 한쪽에서는 중세시대 음악이 라이브로 연주되는 가운데, 알 수 없는 맛있는 음식 냄새가 코끝을 자극했다.

자리를 안내받은 후 먼저 이곳에서만 맛볼 수 있다는 허니비어Honey Beer와 순록 육포를 주문했다. 도자기 재질로 되어 있어 꽤 묵직한 느낌이 드는 잔에 담긴 맥주도 인상적이었지만, 그릇 대신 보자기에 쌓인 순록 육포는 정말이지 중세시대로 되돌아간 느낌이 들게 했다. 이색적인 분위기 속에서 처음 맛본 허니비어와 순록 육포는 멋들어진 라이브 음악과 꽤나 잘 어우러져서 배고픔과 갈증뿐 아니라 여행에 지친 마음까지 달래 주었다.

올데 한자에서의 다양한 감각들은 내게 행복감을 주기에 충분했다. 레스토랑 전체가 중세시대 유럽을 온전히 느낄 수 있는 일관된 아이덴티티 요소들을 갖추고 있었기에 만족감을 넘어 큰 행복감을 주었으리라.

'올데 한자'의
중세풍 인테리어와
종업원 복장, 식기

그 경험은 브랜드 콘셉트의 일관성이 왜 중요한지를 소비자 관점에서 확인할 수 있는 좋은 기회가 되었다. 이후 한동안(2019년 여름까지는) 해외 여행 도시를 추천할 때마다 단연 탈린을 첫 번째로 꼽았는데, 올데 한자의 역할이 적지 않았다.

라트비아_ 로젠그랄스

불편함마저 행복감으로 승화

2019년 여름에는 폴란드, 리투아니아를 거쳐 라트비아를 다녀왔다. 리투아니아 빌니우스Vilnius에서 버스로 4시간을 달려 도착한 라트비아의 수도 리가Riga에서는 음악 축제로 인해 숙박에 어려움이 생겨 단 하루만 머물 수 있었다.

리가는 탈린과 마찬가지로 현대적인 이미지의 신시가와 중세적인 구시가로 나누어져 있었는데, 이번에도 구시가를 먼저 둘러보기로 했다. 내가 타고 온 버스 정류장에서 도보로 15분 정도 떨어진 가까운 곳에 위치하고 있었기 때문이다.

리가는 교회와 성당 같은 유서 깊은 건축물과 거리 음악 공연, 다양한 종류의 맥주까지, 볼거리와 즐길거리, 먹거리를 동시에 경험할 수 있는 곳이었다. 짧은 일정이었기에 그곳에서 가장 독특하고 인기 있는 레스토랑 가운데 하나인 '로젠그랄스Rozengrals'를 방문하기로 했다. 미리 예약을 하지 않으면 식사를 할 수 없을 만큼 인기가 많은 곳이어서, 오후 2시경에 직접 레스토랑으로 가서 당일 저녁 식사 예약을 해야 했다.

예약 시간이 되어 다시 찾은 로젠그랄스는 간판과 입구부터 중세 이미지를 흠씬 풍겼다. 심지어 중세 복장을 한 직원이 사진을 같이 찍어 주겠다며 입구에서 포즈를 취하기도 했다. 안으로 들어서니 내부는 매우 캄

중세 콘셉트로 정렬된 '로젠그랄스'의 내외부
인테리어와 메뉴판

캄했는데, 올데 한자에서처럼 중세 음악이 라이브로 연주되고 있었다.

한 가지 흥미로운 점은 레스토랑 안에서 인터넷 접속이 되지 않았다는 것이다. 중세시대의 분위기를 온전히 느낄 수 있도록 의도적으로 준비된 장치였다. 덕분에 레스토랑이 제공하는 여러 감각적 경험들에 더 집중할 수 있었다.

한번은 실내가 너무 어두워서 메뉴판 글씨를 보려고 스마트폰의 라이트를 켜려는데 직원이 옆에 있는 촛불을 가져다주었다. 결국 이날 스마트폰은 사진기 기능 외에 다른 역할은 하지 않았다.

메뉴판에는 시대별(12세기, 14세기, 15세기) 요리들에 대한 설명과 더불어 예스런 그림들이 함께 그려져 있었다. 중세를 하나의 시대로 보지 않고 세기별로 구분했다는 점이 신선했다.

음식들 중 눈에 들어온 것은 돼지고기 통구이였다. 길고 뾰족한 칼에 꽂힌 돼지고기 플레이팅은 중세시대로 시간여행을 떠나온 것과 같은 강한 인상을 남겼다. 보자기에 쌓여 나온 빵과 중세시대에 즐겨 먹었다는 감자와 곡물 또한 어디서도 경험할 수 없는 독특함을 맛보게 했다.

직원들은 고객과 함께 사진을 찍어 주며 연신 웃음을 잃지 않았다. 메뉴판을 읽을 수 없을 정도의 어두운 조명과 인터넷을 사용하지 못한다는 불편함은 오히려 중세시대 레스토랑이라는 로젠그랄스의 이미지를 강화시켰고, 마침내 올데 한자의 긍정적인 경험을 뛰어넘었다. 이후로 누군가 중세 유럽 도시를 경험해 볼 만한 곳을 추천해 달라고 하면 단연 리가의 로젠그랄스가 1순위가 되었다.

옛것을 현대적으로 재해석한다는 의미로 '뉴트로Newtro'라는 신조어가 생겼다. 그런데 때로는 굳이 재해석을 하지 않고 '레트로Retro' 그 자체로도 좋은 것 같다. 내게는 올데 한자와 로젠그랄스에서의 경험이 그러했다.

단지 내부 인테리어만 중세스러웠다면 행복감은 적어도 절반 정도로 줄었을 것이다. 음식에서부터 그것을 담은 식기, 곁들여진 음악, 종업원들의 매너까지, 모든 감각적 요소들이 중세시대라는 브랜드 콘셉트와 일관되게 정렬돼 있었기에 만족을 넘어 행복을 느낄 수 있었다.

브랜드 콘셉트는 브랜딩에 있어 지휘자의 역할을 한다. 누구 하나 엇박자를 내지 않고 완벽한 하모니를 만들어 낼 때 관객들에게 기립 박수를 받을 수 있다. 돌아보면 여행지에서 나에게 큰 행복감을 준 브랜드들의 공통점 중 하나가 바로 브랜드 요소Brand Elements의 일관성이 오감의 즐거움을 극대화했다는 사실이다.

실제로 하나의 감각에 대한 만족보다 다섯 가지 감각의 만족이 고객으로 하여금 브랜드 태도와 경험적 가치에 영향을 주며 고객의 행복감을 높일 수 있다고 한다. 옥스퍼드대학교의 찰스 스펜서 교수가 쓴 〈왜 맛있을까?〉라는 책에는 다중 감각이 미식에 미치는 영향에 관한 연구 결과들이 소개되어 있다.

예를 들면, 예쁜 그릇에 놓인 음식이 더 맛있게 느껴지고(시각적 영향), 해산물을 먹을 때 파도 소리나 갈매기 소리를 들으면 더 맛있게 느껴지며(청각), 컵의 뚜껑에 나 있는 구멍으로 먼저 냄새를 맡고 커피를 마실 경우 더 맛있게 느껴진다(후각). 또한 무거운 스푼이나 포크를 사용할 때 혹은 도구 대신 손으로 음식을 집어 먹을 때 더 맛있게 느껴진다(촉각).

이처럼 브랜드를 경험하는 데 있어 다중 감각은 한 가지 감각보다 더 긍정적인 영향을 미칠 수 있다. 다양한 감각적 경험이 국가 및 도시, 레스토랑 브랜드에 대한 인식에 영향을 미칠 수 있는 것이다.

맛 이외에
다른 감각을 만족시키다

폴란드 _ 센스

강렬한 공감각의 향연

2019년 8월, 폴란드 바르샤바Warsaw 여행을 준비하던 중 우연히 '센스 Senses Restaurant'라는 이름의 미슐랭 가이드 선정 레스토랑을 알게 되었다. 오감을 연구하던 나에게 '감각'이라는 단어를 브랜드 네임에 직접적으로 사용한 이 레스토랑은 어쩐지 꼭 가봐야 할 것 같은 곳이었다. 그 이름처럼 맛 이외에 다른 감각적 요소들을 만족시켜 줄 것이란 막연한 기대감을 갖게 했기 때문이다.

예약 당일 바르샤바 숙소에서 우버Uber를 이용해 레스토랑에 도착하자 조명을 활용한 감각적이고 모던한 디자인의 입구가 먼저 눈에 들어왔다. 단정한 복장의 직원을 따라 자리로 안내받은 후 가져다준 메뉴판을 훑어보기 시작했다. 센스는 폴란드 전통 음식이 아닌 프렌치 요리를 파는 곳이었는데, 폴란드 물가가 다른 서유럽 국가들에 비해 저렴한 편이어서 8가지 코스 요리를 주문하는데도 비교적 부담이 덜 했다. 와인 페어링을 하지 않을 경우 1인당 약 12만 원 정도였다.

유럽 사람들은 레스토랑에서 저녁 식사를 할 때 보통 2시간 정도의 시간을 보낸다고 하는데, 우리는 8가지나 되는 코스 요리를 주문했기에 식사를 마치기까지 약 3시간 정도가 소요되었다. 여행을 하면서 그동안 경험한 식사 시간들 중 가장 길었던 것으로 기억한다. 덕분에 구대륙인 유럽 특유의 여유와 느림의 미학을 제대로 느낄 수 있었다.

긴 식사 시간이 지루하지 않았던 것은 많은 수의 코스 요리 외에도 센스가 선사하는 다양한 감각적 요소들이 있었기 때문이다. 우선 시각적 요소들은 과일과 채소 모양으로 만들어진 음식들과 요리에 어울리는 플레이트들을 통해 효과적으로 전달되었다. 푸른 사과 모양의 초콜릿, 토마토 모양의 푸딩, 버섯 모양의 크림, 자연 그대로의 원목 접시에 올려진 빵과 디저트들이 눈을 즐겁게 해주었다.

빵에 발라 먹는 잼이 오목한 그릇이 아닌 스포이드에 담겨 나온 것도 특이했다. 포크나 나이프를 사용하는 대신 스포이드 윗부분의 공기 주머니를 눌러 액체 형태의 묽은 잼을 빵에 발라 먹는 과정은 마치 실험실에서 과학 실험을 하는 듯한 느낌을 갖게 해 소소한 재미를 더했다.

가장 인상적이었던 것은 다섯 번째 코스 요리였다. '화산 폭발'이라는 요리의 이름처럼, 직원이 화산 모양의 그릇에 물을 붓자 갑자기 하얀 연기가 피어오르면서 순간 시원한 느낌이 들었다. 동시에 작은 화산이 폭발하는 소리가 두 귀를 즐겁게 했다.

시각과 촉각과 청각이 어우러진 화산 폭발 쇼가 끝난 후 그릇 안에 남은 요리는 작고 동그란 초콜릿이었다. 차가움과 달콤함이 동시에 느껴지는 초콜릿을 음미하며 마치 마술사의 연기를 본 것 같다는 생각이 들었다. 그리고 왜 레스토랑 이름이 '센스'인지 명확히 알 수 있었다.

하지만 여기서 끝이 아니었다. 마지막 코스 요리가 무엇일까 궁금해 하던 순간, 직원이 보석함 같이 생긴 상자를 들고 오더니 뜬금없는 질문을 했다. 혹시 지금 담배가 생각나지 않느냐, 기회가 되면 여기서 피워 보고 싶지 않느냐고 묻는 것이다. 갑자기 왜 담배 이야기를 한 것일까.

아무튼 흡연자인 일행은 3시간가량 담배를 피우지 않은 상태여서 당연히 피우고 싶다고 답했다. 그러자 직원은 규정상 레스토랑 안에서는 담배를 피울 수 없다고 했다. 그럼 왜 흡연에 대해 질문했을까. 궁금해 하던 찰나, 직원이 박스를 열어 보이며 시가Ciga 모양의 디저트를 건네 주었다.

담당 셰프가 흡연을 원하는 고객들을 위해 특별히 만든 것이라는 디저트는 끝에 그을음을 만들어 시가처럼 보이도록 한 롤 만두였다. 향기도 담배 타는 냄새와 매우 흡사했다. 어떻게 이런 모양과 향의 디저트를 만들 생각을 했을까. 저절로 감탄사가 나왔고 쉽게 만날 수 없는 독특한

다양한 감각적 요소들이 돋보이는 '센스'의 코스 요리

경험을 한 덕분에 행복감이 느껴졌다.

　앞서 스폰디가 마지막 서비스의 디테일로 잊을 수 없는 기억을 만든 것처럼 센스 역시 마지막 요리로 강렬한 인상을 남겼다. 또한 센스는 맛 이외에 다른 감각들을 동시에 만족시키는 것이 요식업에서 중요함을 인식하게 했다. 이처럼 레스토랑과 같은 공간 서비스를 제공하는 브랜드의 경우, 단일 감각이 아닌 다중 감각을 효과적으로 자극할 수 있는 전략들을 고민해 보아야 할 것이다.

브랜드 연상을
이름 속에 담아 내다

헝가리·그리스 _ 미톨로지·올리브올로지

전문성과 재미의 컬래버레이션

2020년 2월, 헝가리 부다페스트Budapest의 언드라시Andrassy 거리에서 '미톨로지MEATOLOGY'라는 독특한 이름의 레스토랑을 발견하고 걸음을 멈춘 적이 있다. 우리말로 해석하면 '고기학개론'이라는 뜻의 이름이다.

마침 점심 시간이 다 되어 식사를 하려고 들어간 그곳이 소문난 '맛집'이란 사실은 곧바로 알 수 있었다. 우리가 운 좋게 바로 자리에 앉은 직후부터 고객이 몰리기 시작하더니 곧바로 대기 줄이 길어졌기 때문이다.

메뉴판을 보니 아니나 다를까 오리고기, 돼지고기, 소고기, 닭고기 등

고기가 기반이 된 햄버거와 스테이크, 소시지 요리들이 대부분이었다. 우리는 그 중 오리 구이를 주문했다.

그리고 한 입 먹는 순간 왜 레스토랑의 이름이 '고기학개론'인지 단번에 이해할 수 있었다. 너무 맛있었기 때문이다. 고기학개론에서는 유명 레스토랑답게 가게 이름으로 된 와인과 맥주도 판매 중이었는데 요리 못지않게 잘 팔리는 것처럼 보였다.

올리브 나무로 유명한 그리스에서도 전문성을 잘 표현하면서 사람들의 눈길을 끄는 이름의 가게를 하나 알게 되었다. 2018년 3월, 아테네 거리를 돌아다니다 만난 올리브 요리 전문점으로 '올리브올로지 OLIVEOLOGY'라는 이름이었다. 즉 우리말로는 '올리브학'이다.

여행 중 길거리를 돌아다니거나 쇼핑몰 또는 마트를 방문하면서 직업병이 돋을 때가 종종 있다. 바로 독특한 이름이나 로고 디자인을 발견하면 걸음을 멈추는 것이다.

내가 생각하는 독특함의 기준은 이름과 로고 디자인이 해당 국가이기에 의미가 있거나 해당 국가의 문화적 접근을 통해 탄생된 것들이다. 전문성을 잘 표현하면서 재미를 줄 수 있는 이름은 언어를 막론하고 고객의 머릿속에 오래 남는다.

호주·캐나다_바이트·메가바이트

누가 그 간판을 한 입 베어먹었을까

2009년 8월, 호주 멜버른으로 여행 갔을 때 쇼핑몰 안 푸드코트에서 본 샌드위치 가게의 이름도 기억에 남는다. '바이트Bite'라는 가게였는데, 간판이 눈에 들어온 이유는 가게 이름 그대로 '한 입 베어먹은' 디자인이었기 때문이다.

영어권 국가에서는 먹거리 이름으로 '바이트'라는 단어가 가끔 눈에 띈다. 2012년 2월, 캐나다 밴쿠버에서 본 피자 가게의 이름도 '메가바이트Megabite'였다. '크게 한 입 베어먹다'라는 뜻처럼 가게에서 판매 중인 피자는 한 조각의 크기가 어른 손바닥의 두 배만큼이나 컸다.

때로는 다른 언어로 표현된 이름을 한글로 변환했을 때 국내에서 활

영미권에서 자주 보이는 '바이트'란 이름의 레스토랑

호주의 넘버원 주스 브랜드
'저스트 주스'

용할 수 있을까를 고민하는 것을 좋아한다. 예를 들어 영국 런던에서 'EAT.'라는 카페의 이름을 봤을 때는 국내에서 한글로 '먹다.'라는 이름의 카페가 있다면 과연 소비자들의 반응은 어떨까를 생각해 봤다. 호주에서 넘버원 주스 브랜드인 '저스트 주스JUST JUICE'를 봤을 때도 만일 국내에서 '그냥 주스'를 과일 주스의 이름으로 사용한다면 어떨까 고민해 봤다.

그리고 두 이름 다 '부정적'일 것이란 결론을 내렸다. 단어의 의미가 아닌, 언어 자체가 주는 이미지의 차이가 있는데 한국어로는 브랜드의 세련된 이미지를 효과적으로 전달하기 어렵다는 생각에서였다.

폴란드 · 리투아니아 · 영국 _ 블랙 에너지 · 카페인 · 토마스 핑크
컬러에 담은 브랜드의 진심

2019년 8월, 폴란드 바르샤바에서는 '블랙 에너지Black Energy'라는 이름의 브랜드가 눈에 들어왔는데 조금 다른 이유에서였다. 인상적인 부분

은 패키지 디자인이었다. 흑인 권투 선수 타이슨의 강렬한 얼굴이 그려져 있었는데, 브랜드의 앰버서더Ambassador가 바로 타이슨이었다. 하지만 유럽인들의 인종차별 경향을 생각하면 '블랙Black'이라는 브랜드 네이밍에 흑인인 타이슨을 앰버서더로 삼았다는 점에서 과연 적절한가라는 우려를 낳았다.

그런데 폴란드의 역사와 문화를 이해하자 그것은 그렇게 중요하지 않게 되었다. 폴란드는 독일과 러시아의 지배를 받았고 독립을 꿈꾸며 많은 이들이 독립운동을 했다는 점에서 우리와 비슷한 역사를 가지고

폴란드적 특색이 담긴 에너지 드링크 '블랙 에너지'

있다. 특히 유대인 학살의 역사를 잊지 않으려고 유대인 수용소였던 아우슈비츠를 보존하고 있을 정도로 인종차별에 대해서는 매우 엄격하다. 그러니 흑인인 타이슨이 '블랙 에너지' 브랜드의 앰버서더가 된 것도 전혀 문제가 될 수 없는 것이다.

한편 독특한 이름과 컬러 활용을 통해 리투아니아에서는 스타벅스보다 잘 나가는 프랜차이즈 카페 브랜드가 있다. 바로 '카페인Caffeine'이다. 전 세계 어디를 가든 쉽게 만날 수 있는 스타벅스를 리투아니아의 빌니우스에서는 도무지 찾을 수 없었는데, 대신 거리를 점령한 것이 카페인이었다.

카페인이라는 이름을 본 순간 '카페 인Caffe in'과 '카페인Caffeine'의 중의적인 의미를 잘 전달한다는 생각이 들었다. 그곳에서는 다양한 종류의 커피를 판매하고 있었으며 '빌니우스 대성당'이라는 유명 건축물의 이미지를 인테리어에 잘 활용하고 있었다. 뿐만 아니라 오렌지 컬러가 여기저기에 일관성 있게 잘 적용된 것이 인상적이었다. 컵이나 빨대뿐 아니라 심지어 냅킨조차도 오렌지 색이었다.

런던 히드로Heathrow공항 면세점에서 보았던 남성용 셔츠 브랜드 '토마스 핑크Thomas Pink'는 브랜드 네임에서 연상되는 컬러를 각종 아이템으로 연결한 좋은 사례다. 쇼핑백뿐 아니라 종이 영수증까지 핑크를 배경색으로 삼고 있다.

이처럼 브랜드의 이름 못지않게 컬러는 브랜드를 인지시키고 연상

중의적인 브랜드 네임이 돋보이는 '카페인'

시키는 데 중요한 역할을 한다. 따라서 말 그대로 자신만의 색깔을 드러
낼 수 있는 브랜드 컬러를 선정하고 이를 일관성 있게 전달할 필요가 있
을 것이다.

소비자는
먹기 전에 찍는다

태국_리스트레토

스페셜티 커피보다 스페셜한 커피잔

2017년 6월, 태국 제2의 도시인 치앙마이를 방문했을 때다. 이곳에는 유명한 스페셜티 커피 전문점이 있는데, 바로 리스트레토Ristr8to란 브랜드다. 이 브랜드는 아이돌 스타처럼 잘생긴 아논Arnon Thitiprasert이라는 젊은 바리스타가 호주에서 4년간 커피 공부를 하고 전 세계 30개국을 돌아다니며 배운 스페셜티 커피 문화를 결합하여 만든 호주식 스페셜티 로스팅 카페이다. 스페셜티 커피란 독특한 맛과 향을 지닌 고급 커피 등급의 하나로, 미국의 스페셜티 커피 협회Specialty Coffee Association가 정한 기준에 따른 평가에서 100점 중 80점 이상을 받아야만 스페셜티 커피로 인정을 받을 수 있다.

아논은 2011년 1호점을 오픈한 지 한 달 후, 네덜란드 마스트리흐트 Maastricht에서 열린 '월드 라테 아트 챔피언십World Latte Art Championship' 결승에 진출해 6등을 차지하며 주목받기 시작했다. 이후에도 태국 국내외 대회에서 지속적으로 좋은 성적을 거두었고, 마침내 2017년 헝가리 부다페스트에서 열린 '월드 라테 아트 챔피언십'과 같은 해 서울에서 열린 '월드 라테 아트 배틀World Latte Art Battle'에서 우승을 차지하며 유명세를 떨쳤다.

리스트레토에는 아논 외에도 여러 대회에서 입상한 유명 바리스타들이 있었다. 2013년에는 팽Paeng이라는 바리스타가 태국 라테 아트 챔피언십에서 1위를 차지하였고, 2014년에는 아논을 비롯한 리스트레토 소속 3명의 바리스타들이 같은 대회에 참가해 1, 2, 4등을 각각 거머쥐었다.

리스트레토는 치앙마이에만 3개점이 있는데*, 나는 꼭 최고의 바리스타 아논이 만들어 주는 커피를 먹어봐야겠다고 결심하고 그가 직접 커피를 만드는 1호점을 방문했다.

더운 치앙마이 날씨에 한참을 걸어 찾아간 리스트레토에 대한 첫인상은 다소 실망스러웠다. '치앙마이의 가로수길'이라 불리는 님만해민

---

*2013년에 오픈한 2호점은 치앙마이 센트럴 페스티벌Central Festival에 위치한 'DOPPIO Ristr8to'이고, 2014년에 오픈한 3호점인 'Ristr8to LAB'은 님만해민 거리에 있는 1호점 'Ristr8to Original'과 가까운 위치에 있다. 1호점에 방문해서 자리가 없다면 근처의 3호점을 방문할 것을 추천한다. 한산할 뿐 아니라 비교적 최근에 오픈한 덕분에 쾌적하고 모던한 공간에서 커피를 여유 있게 즐길 수 있다.

의 큰 도로변에 위치한 이곳은 유명세 때문인지 사람들로 매우 붐볐고, 오픈 카페로 운영되고 있는 탓에 실내에서도 시원함을 거의 느낄 수 없었다. 게다가 실내 좌석이 몇 개 되지 않아 어쩔 수 없이 매연과 담배 연기 가득한 야외 테이블을 이용해야 했다.

주문을 하기 위해 메뉴판을 보니 시그니처 커피 몇 가지가 별도로 소개되어 있었다. 그 중 두 개의 메뉴가 특히 눈에 들어왔다. 하나는 실크처럼 부드럽다는 '사탄 라테SATAN LATTE'. 메뉴의 이름도 재미있었지만 '월드 라테 아트 챔피언십'에서 사용하는 것과 동일한 잔에 담긴 예쁜 라테아트를 볼 수 있다는 말이 솔깃했다.

또 다른 메뉴는 '지옥에서 온 샤케라토SHAKERATO FROM HELL'였다. 이용 후기를 검색할 때 가장 강렬한 인상을 남긴 바로 그 메뉴로, 4개의 실린더 모양 잔에 담겨 나오는 아이스 라테이다.

두 메뉴를 놓고 한참을 고민하다가 날씨가 더워 아이스 음료가 먹고 싶기도 했고, 사진으로만 보던 독특한 커피잔을 직접 보고 싶은 마음에 두 번째 커피를 선택했다.

커피를 받자마자 사진부터 찍었다. '실린더에 커피를 담아 주다니! 이건 남겨야 해.'

맛이 너무나 궁금했다. 그런데 한 모금을 마시는 순간 의구심이 들었다. '스페셜티 커피가 아닌가?' 인스턴트 커피에 얼음을 넣은 맛이 느껴졌기 때문이다. 솔직히 매우 실망스러웠다.

'리스트레토'의 실리더 잔 커피와 메뉴판

나중에 인터넷 검색을 통해 안 사실이지만, 리스트레토 매장 앞에는 '아이스 커피가 바리스타를 죽인다Iced coffee kills barista'라고 쓰인 배너가 놓여 있다고 한다. 그랬다. 리스트레토의 진가를 알아보기 위해서는 따뜻한 사탄 라테를 주문했어야 했다. 수면장애로 하루에 한 잔 이상, 그것도 늦은 오후부터는 커피를 마시지 못하는 내가 맛있는 커피를 마실 수 있는 기회를 잃어버린 것이 너무나 아쉬웠다.

동시에 자신들의 차별적 강점이 따뜻한 커피에 있다면 카페의 온도를 더 낮게 유지했어야 했다는 생각이 들었다. 그리고 나처럼 매장 밖에 놓인 배너를 보지 못하는 사람들을 위해 좀 더 적극적으로 커뮤니케이션했어야 했다.

옆자리를 둘러보니 따뜻한 커피는 예쁜 나무 트레이에 담겨 나왔고,

명함 크기로 된 카드에 원두 블렌딩에 대한 설명이 적혀 있었다. 남의 떡이 더 커 보인다고 자꾸 눈길이 가는 건 어쩔 수 없었다.

비록 커피 맛이 만족스럽지는 않았지만 아이스 커피를 독특한 모양의 잔에 담아낸 아이디어는 칭찬하고 싶다. 아무리 매장을 시원하게 해도 아이스 커피를 좋아하는 사람들은 따뜻한 커피를 쉽게 선택하지 않는다. 시원한 물냉면을 좋아하는 사람이 식당의 시그니처 메뉴가 비빔냉면이라고 해도 선택을 바꾸지 않는 것과 같은 이치이다.

따라서 조금 다른 선택을 하는 사람들을 위해서도 차별적인 가치를 제공할 수 있어야 공략할 수 있는 고객층이 넓어진다. 리스트레토는 아이스 커피를 좋아하는 사람들에게 실린더 모양의 잔을 이용해 시각과 촉각의 즐거움을 차별적으로 제공한 것이다.

사실 음식의 맛은 간접 경험이 불가능하다. 아무리 화려한 수식어를 사용해도 맛을 전달하기는 쉽지 않다. 하지만 시각 정보는 다르다. 사진 한 장만으로도 충분히 끌림과 확산을 만들어 낼 수 있다. 인스타그램에 공유할 만한Instaworthy 강한 시각적 자극이 있으면 자발적 공유가 이루어지고 고객들이 멀리서 찾아오게 된다.

내가 리스트레토를 방문하게 된 것도 분명 실린더 모양의 잔에 호감을 느껴서였다. 심지어 후기에서 커피 맛은 생각보다 별로였다는 내용을 보았음에도 직접 독특한 잔을 경험해 보고 싶었다. 이처럼 음식 맛의 차별화가 힘들다면 패키지의 차별화가 훌륭한 대안이 될 수 있다.

미국_ 도미니크 앙셀 베이커리
기발함 속 보는 즐거움

2019년 8월, 뉴욕에 갔을 때 소호에 있는 '도미니크 앙셀 베이커리 Dominuqe Ansel Bakery'를 방문했다. 도미니크 앙셀은 뉴욕의 미슐랭 2스타 레스토랑인 '다니엘Daniel'에서 패스트리 총괄 셰프Executive Pastry Chef를 지낸 디저트 분야의 레오나르도 다빈치라 불리는 인물이다. 1978년생 인 그는 2017년 '월드 50 베스트 레스토랑The world's 50 best restaurants'에 서 최고의 패스트리 셰프로 선정된 최연소 수상자였다.

그가 창의적으로 개발한 새로운 디저트는 늘 화제가 되었는데, 그 중 크로와상과 도넛을 결합해서 만든 '크로넛Cronut'이 특히 유명하다. 2013년 탄생한 크로넛은 미국의 주간지 타임TIME이 그 해 최고의 발명 품 중 하나로 선정하기도 했다.

분명 동그란 도넛의 모양인데 속은 여러 겹의 크로와상 식감을 가지 고 있다니, 그 맛이 매우 궁금했다. 하지만 오후 시간에 도착했을 때에 는 이미 품절이었다. 크로넛은 아침 일찍 줄을 서야 먹을 수 있었고, 게 다가 1인당 2개까지로 판매 수량도 제한이 있었다. 크로넛을 먹기 위해 먼 곳까지 찾아갔는데 아쉬웠다. 하지만 크로넛이 품절되었음에도 긴 줄이 늘어서 있는 걸 보니 분명 다른 특별한 메뉴들이 있을 것이란 생각 이 들었다.

타이티산 우유를 부어주는 이색 디저트

기발한 디저트로 유명한 '도미니크 앙셀 베이커리'

Cookie Tins

2 pieces - $10.00
5 pieces - $22.00

오후 3시 이후에만 판매하는 쿠키샷

역시나 눈을 즐겁게 하는 예쁜 디저트들이 많았다. 그 중에서도 '쿠키샷Cookie Shot'이라는 메뉴가 인상적이었다. 작은 원통 모양의 쿠키에 가운데 구멍이 뚫려 있고 안쪽에 초콜릿이 발려 있었다. 오후 3시 이후에 주문하면 타히티산 바닐라 밀크를 구멍 난 쿠키 안쪽에 부어준다. 한 입 먹어 보니 달콤한 초코 우유 맛이 났다.

쿠키를 어떻게 잔으로 사용할 생각을 했을까. 이 메뉴를 주문한 사람들은 너 나 할 것 없이 사진을 찍느라 정신이 없었다. 오후 3시 이후에만 독특한 방식의 서빙을 함으로써 품절된 크로넛을 먹을 수 없는 사람들에게 또 다른 방문 이유를 제시하는 것은 매우 훌륭한 전략으로 보였다.

이는 리스트레토가 따뜻한 커피를 좋아하지 않는 사람들도 실린더 모양의 잔으로 매장을 방문해야 할 새로운 이유를 제시한 것과 유사하다. 이처럼 손님이 줄지 않는 외식업체는 음식의 맛뿐 아니라 시간과 공간의 활용도를 높이는 마케팅 전략이 탁월한 곳도 많음을 기억할 필요가 있다.

글로벌 브랜드
현지화를 추구하다

호주 _ 헝그리잭스
버거킹이 이름을 빼앗긴 이유

2008년 8월, 호주의 디자인 회사와 같이 프로젝트를 진행할 기회가 생겨 시드니에서 두 달 동안 생활한 적이 있다. 개인적으로 버거킹의 '와퍼Whopper'를 좋아하는 나는 시드니에서도 버거킹 매장을 찾아보았지만 단 하나도 발견할 수 없었다. 맥도날드와 다양한 수제 버거 매장은 쇼핑몰이나 로드숍에서 쉽게 만날 수 있었지만 유독 버거킹만은 찾지 못했다. 그러던 어느 날, 처음 본 햄버거 매장을 발견하게 되었는데 '헝그리잭스Hungry Jack's'라는 이름이었다.

브랜드 로고 디자인을 보니 어디선가 많이 본 듯한 형태였다. 바로 버거킹이 떠올랐다. 그리고 메뉴판을 보는 순간 깜짝 놀랐다. 바로 그토

현지화된 이름을 사용하는 호주의 '버거킹'

록 찾아 헤매던 와퍼가 있는 게 아닌가.

나는 왜 '버거킹'이 호주에서는 '배고픈 잭 아저씨'가 되었는지 궁금했다. 알고 보니 간단한 이유였다. 시드니 다운타운에 예전부터 있던 '버거킹'이라는 현지 레스토랑이 먼저 상표 등록을 했기 때문에 호주에서는 버거킹이라는 브랜드 네임을 외식업에 사용하지 못하게 된 것이었다.

해외 진출을 꿈꾸는 브랜드들은 일반적으로 글로벌 전략과 현지화 전략, 글로컬라이제이션Glocalization 전략 중 하나를 선택하게 된다. 글로벌 전략은 하나의 브랜드로 전 세계적으로 동일한 마케팅 전략을 추구하는 것이고, 현지화 전략은 현지에 적합한 브랜드 개발 및 마케팅 전략을 추구하는 것을 말한다. 또한 글로컬라이제이션 전략은 글로벌 전략과 현지화 전략을 적절히 섞어서 활용하는 것이다.

먹거리 브랜드들은 대부분 글로벌 전략을 추구하면서 현지의 문화적 요소들을 상황에 맞게 접목한다. 하지만 호주 버거킹, 즉 헝그리잭스의 사례에서처럼 어쩔 수 없이 현지화 전략을 사용해야 하는 경우도 있다. 헝그리잭스는 진출하고자 하는 국가에서 미리 상표 출원을 통해 권리를 확보하는 것이 얼마나 중요한지를 다시금 일깨워 준다.

홍콩 · 아랍에미리트 _ 맥도날드 · 서브웨이
홍콩에선 홍콩답게, 두바이에선 두바이답게

맥도날드가 홍콩에서 전개 중인 '맥웨딩Mc Wedding' 서비스도 브랜드의 현지화 전략을 잘 활용한 사례 가운데 하나다. 이는 맥도날드 매장을 결혼식장으로 임대해 주는 것뿐 아니라 예식에 필요한 다양한 물품과 서비스까지 제공하는 서비스다.

홍콩 정부는 2006년부터 교회나 시청에서만 허용하던 결혼식을 다른 장소에서도 할 수 있도록 자율화하는 조치를 내렸다. 이후 2011년, 한 커플이 맥도날드 매장에 들어와 매니저에게 이곳에서 결혼을 하고 싶다는 의사를 밝혔는데, 이 제안을 수락하면서 처음으로 맥도날드에서 결혼식이 열리게 되었다.

커플의 결혼식이 SNS를 통해 소개되면서 맥도날드에서 결혼식을 하고 싶다는 요청들이 늘어나자 맥도날드 홍콩지사는 맥웨딩 서비스를 본격적으로 시작했다. 당시 홍콩에서 결혼식에 들어가는 평균 비용은 한화로 3000만 원 정도였다. 이에 비해 맥도날드 매장에서 결혼할 경우 식사와 음료 비용을 포함하여 대략 38만 원, 가장 호화스럽게 할 경우에도 약 130만 원 정도면 충분했다. 게다가 맥도날드는 2시간의 장소 대여 외에 신부 부케와 사과 파이 케이크, 맥도날드 캐릭터 선물, 결혼 반지 한 쌍까지 제공해 주었다.

맥웨딩이 인기를 끌자 3개의 매장에서 시험적으로 진행했던 서비스는 15개의 매장으로 확대되었다. 이는 결혼식에 들어가는 허례허식을 지양하고 합리적인 소비를 추구하고자 하는 홍콩 젊은 층들의 성향을 잘 파악하여 하나의 사업으로 확장시켜 성공한 훌륭한 사례이다.

2018년 2월, 아랍에미리트 두바이Dubai로 여행을 갔을 때는 맥도날드와 같은 글로벌 먹거리 프랜차이즈 브랜드들이 글로벌 비즈니스 도시인 두바이에서 어떤 현지화 전략을 추구하고 있는지 궁금해졌다. 그래서 첫날 오전에 도착해 호텔에서 2시간 정도 휴식을 취한 후 바로 근처 '두바이몰Dubai Mall'로 향했다.

점심 식사를 위해 찾은 푸드코트에는 미국이나 유럽에서 자주 보던 먹거리 브랜드들이 즐비했다. 그런데 배스킨라빈스, 스타벅스 등 대부분의 글로벌 브랜드들은 왼쪽에 브랜드의 영어 이름이, 오른쪽에는 아

아랍어 표기 방식을 따른 '서브웨이'의 로고 디자인

럽어가 적힌 간판을 달고 있었다. 보통 간판 글씨를 읽을 때 왼쪽부터 읽는다는 점을 생각하면 자국어를 나중에 배치한 것은 다소 의아함을 불러왔다.

그러나 아랍어의 경우 글씨를 쓸 때 오른쪽에서 왼쪽으로 적는다는 사실을 알고 나니 쉽게 이해가 되었다. 현지인들에게는 오른쪽에 자국어가 표기되는 것이 더 자연스러운 것이다.

미국 샌드위치 브랜드인 서브웨이Subway의 경우에도 왼쪽에 영어, 오른쪽에 아랍어로 표기되어 있었는데 로고 디자인에 적용된 글로컬라이제이션도 매우 흥미로웠다. 영어 로고 디자인의 화살표 모양이 아랍어 디자인에도 그대로 적용되어 있었기 때문이다.

일본·터키·덴마크 _ 스타벅스
글로컬라이제이션의 대명사

해외여행을 가면 꼭 들리는 카페 브랜드인 스타벅스Starbucks는 글로컬라이제이션 전략을 가장 잘 활용하고 있는 브랜드다. 스타벅스는 '브랜드 프랜차이즈 매장에서의 감각적 경험이 브랜드 태도에 미치는 영향에 관한 연구'라는 내 박사학위 논문의 연구 대상이기도 했는데, 오감을 경험할 수 있는 공간을 가졌고 글로벌 브랜드이다 보니 국가 간 비교가 가능했기 때문이다.

아무튼 전 세계 스타벅스를 돌아보고 알게 된 사실은 커피의 기본적인 맛과 음악 그리고 진동 벨 대신 고객의 이름을 불러주는 방식 등은 동일하지만 스페셜 음료 개발이나 매장 내외부 디자인에 있어서는 상당한 차이를 보이고 있다는 점이다. 예를 들어 일본 홋카이도에서는 지역에서 유명한 라벤더를 활용한 '후라노 라벤더티'를 판매하거나 지역의 특색을 잘 반영한 익스테리어, 인테리어를 구성하는 식이다.

2017년 4월과 8월, 각각 오사카와 도쿄의 스타벅스 매장에 갔을 때 느낀 점은 한국에 비해 1인 자리가 많다는 점이었다. 아무래도 일본은 개인주의가 강하다 보니 이런 점을 반영해서 인테리어를 한 것처럼 보였다. 반대로 중국의 스타벅스 매장은 1인석보다 다인용 테이블이 많은데 중국 사람들에게 카페는 여러 명이 모여서 대화를 나누는 장소라는

전통 가옥을 개조해 지역 명소가 된 기타노이진칸(좌)과 니넨자카(우)의 '스타벅스'

인식이 있기 때문이다.

　일본의 고베와 교토 여행 시 꼭 가봐야 할 명소로 스타벅스가 꼽히는 이유도 효과적인 글로컬라이제이션 전략에 있다. 고베 기타노이진칸 거리의 스타벅스 매장이 들어선 건물은 1907년에 지어진 서양식 주택을 개조해서 만든 것으로 문화재로 등록되어 있다. 매장 내부는 앤티크 풍으로 꾸며져 있어 마치 박물관에 들어온 느낌을 주고 고즈넉한 분위기는 근대 문명이 싹트기 시작한 1907년 그때로 안내해 주는 것 같다.

　교토의 일본 전통 가옥 마을인 니넨자카에 들어선 스타벅스 매장의 경우 100년 전통의 가옥을 개조해서 2017년에 오픈한 것으로 거리의

뛰어난 풍광뿐 아니라 재활용 컵홀더 등 문화적 특성을
반영한 베벡의 '스타벅스'

명소가 되었다. 매장 입구로 들어가 주문을 한 후 음료를 받아 2층으로
올라가면 다다미방과 테이블, 토코노마*로 구성된 공간이 나온다. 그곳
에서 바라보는 니넨자카와 산넨자카 거리는 100년 전의 일본 전통 가
옥들의 정취를 느낄 수 있게 해준다.

스타벅스의 또 다른 글로컬라이제이션 성공 사례로 2020년 2월, 이
스탄불에서 방문한 베벡Bebek점을 들 수 있다. 이 매장은 '세계에서 가
장 아름다운 스타벅스'라는 이름이 붙여진 곳이다. 이스탄불의 중심 지

---

* 일본식 방에서 바닥을 한층 높게 만들어 벽에 족자를 걸고 바닥에 꽃이나 장식물을 꾸며 넣은 곳

역인 탁심 지구에서 차로 30~40분 정도 걸리는 곳에 위치한 베벡은 서울의 청담동이나 한남동처럼 부촌으로 여겨지는 지역이다.

기대와 달리 처음 택시에서 내려 매장 입구 쪽으로 갔을 때는 기존 스타벅스 매장들과 별반 다른 점이 없어 보였다. 매장은 3층으로 구성되어 있었는데, 입구를 지나 테이블에 가까워지자 비로소 이곳이 유명한 이유를 알 수 있었다. 아름다운 보스포러스Bosporus 해협이 한눈에 들어왔기 때문이다. 특히 1층 테라스에서 바라보는 해협은 왜 이곳을 세계에서 가장 아름다운 스타벅스로 언급하는지 이해할 수 있게 했다.

또 하나 인상적이었던 것은 컵홀더다. 국내의 경우 컵홀더는 보통 재활용을 하지 않는데 이곳의 경우 음료를 받아가는 장소에 이미 사용된 컵홀더를 모아 두고 다시 활용할 수 있도록 하고 있었다. 우리와 달리 터키인들의 경우 다른 사람이 사용했던 컵홀더를 자신의 컵에 끼우는 것이 자연스럽다는 문화적 차이를 적용한 것이다.

이처럼 스타벅스는 지역적 특색뿐 아니라 지역의 문화적 특성을 반영한 글로컬라이제이션에도 능한 브랜드다. 2016년 3월, 북유럽 여행 중 덴마크 코펜하겐Copenhagen 공항에서 마주한 스타벅스 자판기 또한 그러했는데 아시아와는 다른 유럽에서의 스타벅스 브랜드에 대한 인식을 잘 보여주었다.

우리나라를 비롯한 아시아에서 스타벅스는 대중적이면서도 조금의 프리미엄 이미지를 지니고 있다. 국내 1호점인 이대 매장이 생겼을 때

덴마크 코펜하겐 공항의 '스타벅스' 커피 자판기

스타벅스는 유학을 다녀온 학생들이나 미국에서 생활을 했던 사람들이 미국 문화를 느끼기 위해 찾는 장소로 인식되었다. 이로 인해 스타벅스 브랜드는 아메리칸 이미지를 지니게 되었고 자연스럽게 프리미엄 이미지를 전달하게 되었다.

하지만 유럽의 경우 스타벅스 브랜드는 여러 프랜차이즈 카페들 중 하나일 뿐이라는 인식이 있다. 프리미엄 이미지는 없고 그저 대중적인 브랜드로 인식된다. 유럽에서는 카페 테라스에 앉아서 우아하게 커피를 마시는 것을 즐기는 문화가 있는 반면, 신대륙인 미국에서는 개척 등으로 바쁘게 생활하는 문화가 있다 보니 상대적으로 커피를 빠르게 구매해서 가지고 나갈 수 있는 테이크아웃 문화가 발달되었기 때문이다.

스타벅스의 탄생은 이러한 미국적 카페 문화와 깊은 연관이 있다. 그러니 코펜하겐 공항에서 본 스타벅스 자판기는 매우 자연스러운 것이다. 그렇다면 국내 공항에 스타벅스 자판기를 설치한다면 어떨까. 스타벅스의 문화적 접근을 보며 글로컬라이제이션에 대해 다시 한 번 생각해 볼 수 있었다.

미국의 3대 햄버거 브랜드를 다녀오다

미국 _ 파이브가이즈

차별화된 식재료가 어필하는 매력

미국에서 살 때 가장 즐겨 먹던 음식을 꼽으라면 단연 햄버거이다. 그 중에서도 유명한 미국의 3대 수제 버거 브랜드가 있다. 바로 파이브가이즈Five Guys, 인앤아웃버거In-N-Out Buger, 쉐이크쉑Shake Shack이다.

파이브가이즈는 미국 전역에 매장이 있는 반면, 인앤아웃과 쉐이크쉑은 각각 서부와 동부에 매장이 집중되어 있다. 나는 세 브랜드 모두 만족스러웠지만 굳이 순위를 매기라면 파이브가이즈가 가장 좋았고, 인앤아웃보다는 쉐이크쉑이 좀 더 나았다.

물론 내 의견에 동의하지 않는 사람들도 있을 것이다. 실제로 소셜미디어에 올린 내 마음속 순위에, 특히 인앤아웃을 좋아하는 사람들이 말도 안 된다며 반발하는 모습을 보였다. 하지만 같은 브랜드인데도 매장마다, 방문 시간대마다 만족도가 달랐던 경험에 비추어 보면 서로의 평가가 엇갈리는 것은 어쩌면 너무나 당연한 일인지도 모른다.

파이브가이즈는 우리 가족 모두 좋아했을 뿐 아니라 집 가까이에 있어 접근성이 좋아 자주 방문했다. 처음에는 그냥 유명하다고 해서 찾아갔지만 브랜드의 히스토리를 알고 나니 더 호감이 갔다.

1986년 미국 동부의 버지니아주 알링턴Arlington에 처음 문을 연 파이브가이즈는 가족들이 운영하는 회사로 알려져 있다. 4명의 아들을 둔 제리 머렐Jerry Murrell은 첫째 아들이 고등학교를 졸업할 무렵, 첫째뿐 아니라 둘째 아들도 대학 진학에 관심이 없다는 사실을 알게 되었다.

그래서 머렐은 아들의 등록금으로 모아둔 돈(약 7만 달러)을 햄버거 사업에 투자하기로 했다. 그의 어머니가 늘 "미국에서는 미용을 잘하거나, 바에서 좋은 술을 팔거나, 맛있는 햄버거를 팔면 돈을 벌 수 있다"고 말씀하신 것이 결정에 한 몫을 했다.

처음에 파이브가이즈라는 브랜드 네임은 바로 머렐과 4명의 아들Jim, Matt, Chad, Ben을 가리키는 말이었다. 이후 머렐에게 막내아들Tyler이 태어나면서부터는 다섯 명의 아들을 의미하게 되었는데, 그들은 각자의 역할을 수행하며 브랜드를 성장시켜 왔다. 첫째 짐은 전체 운영 책임을, 둘째 맷은 새로운 매장 오픈을, 셋째 채드는 매니저 트레이닝을, 넷째 벤은 IT를, 타일러는 베이커리를 각각 담당한다.

파이브가이즈와 관련해서는 여러 가지 흥미로운 일화들이 회자되고 있다. 특히 매장을 오픈한 지 얼마 되지 않았을 때 미국 국방부Pentagon의 햄버거 배달 요청을 거절한 사건은 유명하다.

햄버거 15개를 가져다 달라는 주문 전화를 받은 머렐은 직접 픽업해 가라며 단호하게 배달을 거절했다. 그러자 국방부 직원이 모든 음식점이 배달을 해주는데 왜 파이브가이즈만 안 되느냐고 항의했고, 이 말에 화가 난 머렐은 전화를 끊은 후 '절대 배달하지 않음Absolutely No Delivery'이라고 적힌 22피트 길이의 현수막을 제작해 매장 앞에 걸어 두었다.*

이로 인해 파이브가이즈는 2만 6000여 명이나 되는 국방부의 잠재 고객을 잃을 것처럼 보였다. 하지만 결과는 예상과 달랐다. 이후 국방부 직원들은 더이상 배달 요청을 하지 않는 대신 매장을 직접 방문해 햄버거를 사가기 시작했다.

이 사건은 파이브가이즈의 브랜드파워를 보여주는 더없이 좋은 계기가 되었다. 2009년에는 오바마 대통령이 수행원들을 이끌고 직접 파이브가이즈 매장을 찾아 치즈버거를 먹은 사실이 알려지면서 또 한 번 화제가 되기도 했다.

내가 파이브가이즈를 처음 방문했을 때 가장 눈에 띈 것은 매장 한가운데 자리 잡은 땅콩 포대와 땅콩 오일 박스들이었다. 심지어 땅콩 포대

---

* 현재는 Grubhub와 같은 배달 대행 서비스 앱을 이용해 주문이 가능하다.

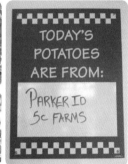

차별화된 식재료를 전면에 드러낸 '파이브가이즈'

옆에는 무료로 시식할 수 있는 소금에 구운 땅콩 더미도 쌓여 있었다.

　이처럼 파이브가이즈가 식재료인 땅콩을 매장 전면에 비치한 것은 브랜드의 차별성을 강조하기 위해서다. 다른 햄버거 브랜드와 달리 콜레스트롤이 없으면서도 고소한 땅콩 오일 100%를 사용해 패티를 굽고 감자튀김을 만든다는 사실을 알리고자 한 것이다.

　경쟁 브랜드와 다른 식재료를 사용하는 것만큼 외식 브랜드의 강력한 차별화 수단은 없다. 문제는 파이브가이즈의 땅콩 오일은 고객이 눈으로 확인할 수 있는 식재료가 아니라는 것이다. 그래서 파이브가이즈는 땅콩 포대를 진열하고 시식하게 하는 등 식재료를 밖으로 끄집어냄으로써 소비자에게 시각적으로 더 강렬한 기억을 남기는 마케팅 전략을 세웠을 것이다.*

한 통계에 의하면 미국 전체 인구의 약 4% 정도가 파이브가이즈의 주요 식재료인 땅콩에 알레르기가 있다고 한다. 일행 중 한 명만 알레르기가 있어도 함께 매장을 방문하기 힘들다는 점을 감안하면 결코 적지 않은 수치이다. 그럼에도 불구하고 매년 미국인들이 가장 좋아하는 햄버거 브랜드 순위에서 1, 2위를 다툴 만큼 큰 인기를 끄는 것은 식재료를 강조하는 파이브가이즈의 전략이 충분히 시장에 어필하고 있기 때문이라고 할 수 있다.

나 역시 전시된 땅콩을 먼저 보고 먹어서인지 햄버거와 감자칩이 더 고소하게 느껴졌다. 또한 파이브가이즈의 메뉴들은 주문과 동시에 만들어지는 탓에 나오기까지 제법 시간이 걸리는데, 기다리는 동안 일행과 땅콩을 먹으며 담소를 나누니 지루하지 않아서 좋았다.

파이브가이즈의 또 다른 매력은 인앤아웃이나 쉐이크쉑에 비해 버거의 사이즈가 확연히 크다는 점이다. 파이브가이즈가 버거킹의 와퍼라면 나머지 두 브랜드는 와퍼 주니어 정도 되는 것 같다.

버거에 들어가는 패티에도 차이가 있다. 패티 1개가 들어가는 것이 기본 버거이고 2개가 들어가면 '더블 버거'라고 칭하는 다른 브랜드들과 달리 파이브가이즈는 기본 버거에 2개의 패티가 들어간다. 패티가 1개만 들어간 버거는 '리틀 버거Little Burger'라고 부르는데, 난 늘 리틀

---

*개인적으로 M&M의 초콜릿 캐릭터처럼 귀엽고 깜찍한 땅콩 캐릭터를 만들어 브랜드 커뮤니케이션을 강화했더라면 어땠을까 하는 아쉬움이 남았다.

버거를 주문해서 먹었는데도 양이 부족하지 않았다.

뿐만 아니라 파이브가이즈에서는 토핑이 무려 15가지나 제공된다. 더 놀라운 것은 모든 토핑이 무료라는 점이다. 다른 햄버거 브랜드처럼 토핑을 추가하면 별도 요금이 있는 게 아니다.

어떤 토핑을 추가할지 망설여질 때는 "All the way (or everything)"라고 얘기하면 된다. 그러면 메뉴판에 검정색으로 표기된 8개의 기본 토핑을 넣어 준다. 붉은색으로 표기된 나머지 7개 토핑들은 별도로 얘기하면 추가할 수 있다.

나는 보통 기본 토핑에 할라피뇨를 추가해서 먹는데 매운 맛이 느끼함을 잡아 줘서 좋았다. 햄버거에 들어가는 생양파를 싫어하기에 기본 토핑에 양파가 포함되지 않고 추가 옵션인 점도 마음에 들었다. 참고로 파이브가이즈의 공식 웹사이트에는 25만 개의 메뉴 주문 방법이 있다고 안내되어 있다.

파이브가이즈는 햄버거 번에도 알려진 재미있는 스토리가 있다. 원래 번을 공급받던 베이커리가 갑자기 문을 닫자 창업자인 머렐은 제빵사가 재취업한 곳에 막내아들을 보내 비법을 알아오게 했다.

사실 미각이 둔한 나로서는 파이브가이즈의 번이 특별하다고 느끼지는 못했다. 하지만 종이에 싸서 주는 다른 브랜드들의 버거와 달리 은박지에 싸서 줘서 그런지 시간이 지난 후 먹을 때에도 좀 덜 눅눅한 느낌이 들기는 했다.

'Bugers and Fries.' 파이브가이즈의 브랜드 슬로건은 참 심플하다. 레스토랑이 어떤 카테고리의 제품을 파는지 모르는 초창기에는 이런 제품 설명형Product Description 슬로건이 효과적일 수 있다. 하지만 누구나 잘 아는 유명 브랜드가 된 후에는 브랜드의 강점을 부각할 수 있는 슬로건이 더 효과적이다. 예를 들면, '100% Pure Peanut Oil'처럼 차별화된 식재료를 강조하는 것이다.

그럼에도 파이브가이즈의 슬로건은 묘하게 단순한 제품 설명형 슬로건으로 보이지 않았다. 어쩐지 '버거와 감자튀김만큼은 우리가 최고'라는 의미가 함축된 것처럼 느껴졌다. 실제로 파이브가이즈는 감자튀김에도 많은 정성을 들이고 있었다.

매장 벽면에는 '오늘의 감자는 ○○○에서 온 감자입니다Today's Potatoes are from ○○○'라는 안내 문구가 붙어 있다. 마치 커피 전문점에서 원두의 원산지를 소개하는 식이다.

게다가 파이브가이즈는 아이다호주의 북위 42도 인근에 위치한 농가에서만 감자를 구입한다고 한다. 이 지역은 밤에 기온이 급격히 낮아져 감자가 천천히 자라면서 더 맛있어지기 때문이다.

한편 파이브가이즈는 브랜드 슬로건에도 드러나 있지만 미국인들이 햄버거를 먹을 때 탄산음료만큼이나 즐겨 마시는 밀크셰이크* 판매에

---

* 쉐이크쉑의 브랜드 네임을 보라!

는 큰 관심이 없어 보였고, 실제로 창업자인 머렐의 반대로 오랫동안 밀크셰이크를 팔지 않았다.

그는 반대 이유를 묻는 질문에 "아이들이 파이브가이즈를 좋아하는 것은 칼슘이 낮은 음식처럼 보이기 때문이다"라고 답했다고 한다. 우유는 칼슘이 풍부한 대표적 식품으로 부모들이 억지로 먹게 하는 경우도 많다. 그러니 아이들에게 밀크셰이크는 먹기 싫은 우유, 즉 칼슘이 들어간 음료라는 인식이 있다는 의미에서 이런 말을 한 것으로 보인다. 이런 정직한(?) 대답보다는 '밀크셰이크의 칼로리가 너무 높아 아이들의 건강을 위해서 팔지 않는다'라는 대답이 더 좋지 않았을까라는 생각도 들긴 했다.

어쨌든 몇 해 전부터 파이브가이즈도 점차 밀크셰이크를 판매하는 매장 수를 늘려 가고 있는데, 여기에 또 한 가지 특이한 점이 있다. 햄버거와 마찬가지로 매우 다양한 토핑을 선택할 수 있게 한 것이다. 무려 12가지 토핑을 제공하는데, 그 중에는 베이컨과 같이 밀크셰이크와는 잘 어울리지 않아 보이는 것들도 있다.

이밖에 파이브가이즈는 독특한 운영 방식으로도 주목을 받고 있다. 먼저 요리할 때 타이머를 사용하지 않는다. 모든 식재료의 모양과 크기가 늘 같을 수 없듯이 가장 맛있는 요리가 완성되는 시간이 획일적일 수 없다는 것이다. 즉 바로 요리를 하는 사람이 언제 요리가 완성되는지 가장 잘 알고 있다는 주장이다.

또한 냉장 식재료만을 사용하기 때문에 매장에 냉동고를 두지 않고, 오픈 키친으로 제조 공정을 모두 공개하고 있다. 다른 어떤 햄버거 브랜드들보다 음식을 만드는 모습을 가까이에서 지켜볼 수 있게 설계된 주방의 모습은 참으로 인상적이었다. 고기를 그릴에 굽고 있는 모습도 훤히 보인다.

광고에 돈을 많이 쓰기보다 품질 유지를 위한 미스터리 쇼핑에 투자를 많이 하는 것도 흥미롭다. 고객으로 위장한 품질 평가단이 매장들을 돌며 평가하고, 우수한 매장과 직원을 선정한 후 포상금을 지급하는 방식이다.

영화 관람권 몇 장 주는 그런 포상이 아니다. 2017년 한 해 동안 포상금으로 2300만 달러를 지급했는데, 당시 매장 수가 약 1000개였던 것을 감안하면 매장당 약 2000만 원의 포상금을 지급한 셈이다.

파이브가이즈 햄버거의 가격은 인앤아웃에 비해서는 많이 비싸고 쉐이크쉑과는 큰 차이가 없다. 하지만 메뉴의 양을 생각하면 크게 비싸다는 생각이 들지 않았다. 무엇보다 고소한 땅콩 오일로 인해 육즙이 가득한 햄버거의 맛은 '엄지 척'을 불러왔다.

파이브가이즈는 현재 미국 외에도 프랑스, 스페인, 영국 등 유럽과 사우디아라비아, 카타르, 쿠웨이트 같은 중동, 일부 아시아 지역에도 진출해 있다. 언젠가 한국에서도 파이브가이즈를 만나 미국에서의 추억을 떠올릴 수 있기를 기대해 본다.

미국 _ 인앤아웃버거
맥락의 차이가 만드는 브랜드 경험

내가 처음 인앤아웃버거를 방문한 것은 2020년 1월 미국 라스베이거스에 갔을 때다. 라스베이거스는 인앤아웃이 캘리포니아 이외 지역에서 처음 문을 연 곳으로 미국의 3대 햄버거 브랜드를 모두 맛볼 수 있는 드문 도시다.

미국 서부를 대표하는 햄버거인 인앤아웃은 1948년 캘리포니아에서 시작되었다. 자부심이 느껴지는 'Quality, you can taste'라는 슬로건으로 신선한 냉장 재료만을 사용하여 방부제를 전혀 첨가하지 않고 음식을 조리하는 '신선함Freshness'이 브랜드 콘셉트이다. 심지어 전자레인지도 사용하지 않는 극강의 신선함을 유지하기 위해 캘리포니아 외 다른 지역으로는 적극적인 확장을 하지 않는다고 알려져 있다.*

그래서인지 매우 한산했던 라스베이거스의 쉐이크쉑 매장과 달리 인앤아웃은 매장 밖까지 긴 줄이 이어져 있었다.** 매장으로 들어서자 흰색과 붉은색이 조화를 이룬 인테리어가 먼저 시선을 사로잡았다. 파이브

---

*인앤아웃은 한국에도 팝업스토어 형태로 2012년 3월 가로수길, 2016년 4월 신사동, 2019년 5월 역삼동에 오픈한 적이 있다. 이는 상표권 보호를 위해 일회성 팝업스토어를 잠깐 연 것이지 쉐이크쉑과 같이 정식으로 한국에 진출한 것은 아니었다.
**물론 방문 시간대의 차이일 가능성은 있다. 하지만 뉴욕의 쉐이크쉑이 항상 긴 줄이 늘어서 있는 모습과는 분명한 차이가 있어 보였다.

'인앤아웃버거'의 오픈 키친과 주문을 위해 긴 줄을 선 사람들

가이즈도 흰색과 붉은색을 기본으로 하지만 인앤아웃이 더 밝고 깨끗한 느낌이 났다. 직원들이 일반 캡 모자를 쓰고 있는 다른 브랜드와 달리 흰색의 위생 모자를 쓰고 있어서 더 그렇게 느껴졌는지도 모르겠다.

한 가지 아쉬운 점은 오픈 키친임에도 불구하고 (파이브가이즈와 달리) 조리대가 주문을 받는 곳과 제법 거리가 있고 직원들이 등을 돌리고 음식을 만들고 있어 조리 공정을 가까이에서 보기 힘들었다는 것이다.

인앤아웃의 가장 큰 강점은 뭐니 뭐니 해도 저렴한 가격이다. 파이브가이즈나 쉐이크쉑에서 혼자 먹을 돈으로 인앤아웃에서는 둘이 먹을 수 있었다. 심지어 버거킹보다도 더 저렴하게 느껴졌다. 대표 메뉴인 '더블더블 버거'는 치즈와 패티가 각 2개씩 들어가 있음에도 불구하고 단품 가격이 3.6달러에 불과하다. 감자튀김과 음료가 포함된 세트 메뉴도 6.8달러로 파이브가이즈나 쉐이크쉑보다는 훨씬 저렴하다.

물론 인앤아웃은 버거 사이즈가 작기 때문에 사이드 메뉴가 없다면 성인 한 명이 먹기에 다소 부족하게 느껴질 수도 있다. 이와 관련된 재미있는 에피소드가 있는데, 2012년 야구선수 류현진이 미국 메이저리그 진출 협상을 하러 갔을 때 인앤아웃에서 햄버거 4개가 올려진 트레이를 자신의 앞에 둔 사진이 찍혀 화제가 되었다. 당시 과체중 논란이 있던 류현진이 '저걸 혼자 다 먹었을까'에 대해 인터넷상에서 논쟁이 벌어졌고, 덕분에 인앤아웃은 한국인들에게 더 유명해졌다.

인앤아웃에서 개인적으로 가장 좋았던 것은 소금 간을 따로 하지 않고 100% 해바라기 오일에 생감자를 튀겨서 만든 감자튀김이었다. 대부분의 미국 음식은 한국인의 입맛에는 너무 짜다. 특히 나처럼 탄산음료를 마시지 않는 사람들에게 짠맛은 고통스럽기까지 하다. 그래서 직접 소금을 치지 않고 고객이 취향껏 먹을 수 있도록 별도로 소금을 제공하는 인앤아웃의 감자튀김은 감자의 깊은 맛을 온전히 느낄 수 있어 좋았다.

한 가지 흥미로운 사실은 인앤아웃에는 브랜드 콘셉트에 반하는 비밀 메뉴가 마니아들 사이에서 상당히 유명하다는 것이다. 메뉴판에도 없는 '애니멀 스타일Animal Style' 감자튀김을 주문하면 치즈, 잘게 썬 피클과 함께 소스를 올려주는데 매우 자극적인 맛이다. 이 메뉴를 먹어 보면 인앤아웃이 추구하는 '신선함'이 '건강함'을 의미한다는 생각은 착각이었음을 깨닫게 된다.

사실 오래전부터 인앤아웃에는 유독 메뉴판에 없는 비밀 메뉴가 많다는 소문이 있었다. 하지만 인앤아웃의 홈페이지에는 '비밀' 메뉴가 아니라 고객들이 원하는 '맞춤' 메뉴를 제공하는 것이라고 공식 입장(?)을 밝히면서 대표적인 6가지 메뉴Double Meat, 3x3, 4x4, Grilled Cheese, Protein Style, Animal Style를 소개하고 있다.

예를 들면, 프로테인 스타일Protein Style은 햄버거 번 대신 양상추를 사용한다. 직접 주문해 본 적은 없지만 이런 메뉴가 있다는 자체가 브랜드에 대한 재미있는 요소를 발견하게 하는 것 같아 호감이 갔다. 또 햄버거에 생양파가 들어가면 입냄새가 나서 싫어하는 나 같은 사람을 위해 별도의 비용 없이 구운 양파로 대체해 주기도 하는데, 이처럼 여러모로 메뉴의 커스터마이징에 각별한 신경을 쓰는 모습이 고객 지향적으로 느껴졌다.

그리고 파이브가이즈에 땅콩이 있다면, 인앤아웃에는 무료 리필이 가능한 노란색 할라피뇨 피클이 있다. 할라피뇨 성애자인 나는 이 피클 덕분에 탄산음료 없이도 햄버거와 감자튀김의 느끼함을 전혀 느끼지 못했다.

무엇보다도 인앤아웃이 가장 인상적이었던 부분은 3대 햄버거 브랜드 중 유일하게 아이들을 배려하는 모습이 있었다는 것이다. 주문을 할 때 어린아이에게는 긁으면 딸기 향이 나는 캐릭터 스티커와 퍼즐을 선물로 주었다. 주문과 동시에 음식을 만들기 때문에 나오기까지 시간이 제법 걸리는데 잠깐이나마 아이가 지루해하지 않아 좋았다. 물론 파이

'인앤아웃버거'의 어린이 캐릭터 선물

브가이즈의 땅콩처럼 허기를 달래 주지는 못했지만 아이와 동반한 부모에게 좋은 인상을 남기기에 충분해 보였다.

하지만 모쉬핏Mosh Pit*의 문제는 아쉬웠다. 내가 방문한 인앤아웃이 너무 붐비는 매장이라 그랬는지는 몰라도, 주문하고 나오는 사람들과 음식을 받으려고 기다리는 사람들이 뒤엉켜 동선이 매우 불안해 보였다.

한편 매장을 빠져나오면서 보니 바로 옆에 인앤아웃의 굿즈를 파는 스토어가 있었다. 1975년 첫 번째 브랜드 티셔츠가 제작된 후 지금은 다양한 의류와 마그넷, 머그컵, 선글라스 등을 판매하고 있었는데, 인앤아웃 마니아들에겐 매력적인 아이템들이 될 것 같았다.

미국 서부 쪽에서 유학을 한 사람들은 이런 굿즈 하나쯤 가지고 한국에 돌아와 인앤아웃에서 먹던 버거의 맛과 당시의 추억을 떠올리곤 한

---

* 주로 록 콘서트장에서 무대와 객석 사이에서 청중들이 자유롭게 부딪치며 춤을 추는 공간. 여기서는 주문대와 식사 테이블 사이의 공간을 의미한다.

다. 하지만 나에게는 그다지 매력적인 브랜드로 기억에 남지 않았다. 아마도 그들과 브랜드 경험의 차이가 있기 때문일 것이다.

물론 브랜드 경험이라는 것이 고정된 가치는 아니다. 마음속에 간직하던 첫사랑을 다시 만나면 실망한다는 얘기가 있는 것처럼, 어쩌면 미국에서 인앤아웃에 열광하던 그들도 막상 한국에 인앤아웃 매장이 오픈되면 그때의 맛을 느끼지 못할 수 있다.

실제로 나도 그런 경험이 있다. 2000년 미국에서 거주할 때 맛본 아비스Arby's의 로스트 비프 샌드위치를 잊지 못해 약 20년 만에 가족들과 함께 아비스 매장을 방문했지만 내가 기억하던 그 맛이 아니었다. 심지어 왜 여기가 맛있는지 모르겠다는 가족들의 항의(?)를 받아야 했다.

우리는 음식의 맛을 맥락과 함께 기억한다. 그 맥락이 사라지면 맛이 달라진다. 브랜드도 마찬가지다. 따라서 마케터는 고객들이 나와 같은 기억의 맥락을 가질 것이라 착각해서는 안 된다.

미국 _ 쉐이크쉑

햄버거도 고급스런 한 끼 식사

내가 쉐이크쉑을 처음 만난 것은 2019년 8월 뉴욕 맨해튼에서였다. 당시 이미 한국에도 진출한 이후라 집 근처에 매장이 있었지만, 미국 본토의 쉐이크쉑 맛을 먼저 보고 싶다는 생각에 오랫동안 방문을 미뤄 오다 맨해튼에 갔을 때 처음 방문하였다.

쉐이크쉑은 뉴욕에서 탄생한 미국 동부 지역을 대표하는 햄버거 브랜드다. 2001년 매디슨스퀘어 공원 관리단의 첫 예술작품 설치를 지원하기 위해 대니 마이어Danny Meyer는 시카고 스타일의 핫도그를 작은 카트에서 일시적으로 판매했는데, 여름 기간 3개월 동안 매일 긴 줄이 설 만큼 인기가 좋았다. 그러자 그는 2004년 정식 키오스크를 매디슨스퀘어 공원에 오픈해 핫도그와 햄버거, 커스터드 아이스크림, 맥주, 와인 등을 판매하기 시작했다.

이후 쉐이크쉑은 미국 동부 지역을 중심으로 빠르게 확장하였고 최근에는 라스베이거스, LA, 시애틀 등 서부 지역에도 매장이 생겼다. 또한 영국, 러시아, 일본, 싱가포르, 필리핀, 사우디아라비아 등 세계 각지로 적극적인 글로벌 확장을 하고 있으며, 2016년 7월 SPC그룹과의 계약을 통해 우리나라에도 진출했다.

한국 진출 초기, 매장 앞에 늘어선 긴 줄은 연일 화제가 되었다. 이후 쉐이크쉑은 고품질의 프리미엄 버거 브랜드로 자리를 잡았다. 한국 시장에 진출하는 조건으로 햄버거의 번, 패티, 치즈의 원재료를 미국 본사를 통해 조달하는 것을 요구할 만큼 품질을 최우선시하고 있다.

쉐이크쉑은 브랜드 탄생의 배경이 된 기부 스토리를 담은 'Stand for

something good'이라는 슬로건을 지금도 사용하고 있다. 뿐만 아니라 미국 1호점의 수익금은 매디슨스퀘어 공원에 기부하고, 나머지 매장에서 발생하는 매출의 5%는 해당 지역 사회에 기부하고 있다.

내가 방문한 맨해튼의 쉐이크쉑 매장은 주문을 하기 위해 길게 늘어선 줄과 주문한 음식을 들고 자리를 찾지 못해 헤매는 사람들로 북새통을 이루고 있었다. 그 사이로 귀여운 햄버거 로고가 들어간 검정색 셔츠와 모자를 쓴 직원들이 주문을 받고 조리하는 모습에서 세련된 뉴욕의 모습이 느껴졌다.

쉐이크쉑의 버거는 인앤아웃처럼 크기가 매우 작을 뿐 아니라 가격도 비쌌다. 음식의 양만을 고려하면 3대 버거 브랜드 중 가장 비싸게 느껴졌다. 인앤아웃과 같은 세트 메뉴가 없어 단품 메뉴를 하나씩 주문해야 했는데, 햄버거(더블버거)와 감자튀김, 음료(밀크셰이크)를 각각 하나씩만 주문해도 1인당 15달러(세금 포함 시)가 훌쩍 넘는 가격이었다.

물론 무항생제, 무호르몬의 100% 앵거스 비프만을 사용한다는 차별점이 있었지만 패티 크기가 매우 삭았기 때문에 가격이 지나치게 비싸다는 생각을 지울 수 없었다. 특히 밀크셰이크의 가격이 너무 비쌌다. 나로서는 조금 더 걸쭉하고 진하다는 것 외에 별다른 맛의 차이를 느끼지 못했는데도 말이다.

주문을 마치자 다른 브랜드와 달리 진동 벨을 주었지만, 앉을 자리가 없어서 아이와 함께 서서 기다려야 했다. 게다가 주문 후 대기시간이 유

한 끼 식사로 충분한 '쉐이크쉑'의 수제 버거

독 길었음에도 불구하고 파이브가이즈의 땅콩이나 인앤아웃의 키즈 선물처럼 기다리는 지루함에 대한 특별한 배려는 없었다.

마침내 주문한 음식이 나오고 운 좋게 빈 자리가 하나 생겨 편하게 앉아서 먹을 수 있었다. 그리고 햄버거 맛을 보는 순간, '아, 이래서 쉐이크쉑이 인기가 많구나' 하는 생각이 저절로 들었다. 패티의 육즙이며 들어간 식재료가 조화를 잘 이루면서 입안을 즐겁게 했다.

쉐이크쉑이 절대 공개하지 않는다는 여러 소고기 부위들을 적절한 비율로 섞어서 만든 패티는 확실히 달랐다. 차별화된 패티를 위해 고민한 흔적이 고스란히 느껴졌다. 실제로 창업자인 대니 마이어가 신메뉴

개발 책임자Chief Development Officer인 리처드 코레인Richard Coraine에게 미국 중서부에 있는 레스토랑인 '스테이크 앤 셰이크Steak'n Shake'에 가서 맛있는 패티의 비법을 알아오라는 미션을 부여했다는 일화도 있다.

그런데 아이러니하게도 나에게는 고기 패티가 들어가지 않은 채식주의자를 위한 쉬룸버거Shroom Burger가 오히려 어느 곳에서도 맛보지 못한 인생 버거였다. 구우면 고기향이 난다고 알려진 포토벨로Portobello 버섯을 바삭하게 튀겨 만든 패티와 문스터Muenster 치즈, 체다 치즈를 녹여서 상추, 토마토와 함께 넣어 만든 쉬룸버거의 맛은 잊을 수 없을 만큼 강렬했다. 이후 나는 가격이 6.99달러나 하는 작은 버거 하나를 먹기 위해 미국 동부 지역을 여행할 때마다 자주 쉐이크쉑을 방문했다.

감자튀김은 파이브가이즈나 인앤아웃에 비해 맛이 특별히 뛰어나다고 생각되지는 않았지만 크링클컷Crinkle-cut의 모양이 마음에 들었다. 칙필레Chick-fil-A*의 벌집 감자칩과 같이 너무 인공적으로 보이지 않으면서도 일반 감자튀김에 비해 뭔가 세련되고 시각적인 즐거움을 주고 있었다.

직접 가보지는 못했지만 쉐이크쉑은 1호점 매장에 각별한 정성을 기울이고 있는 것 같았다. 먼저 1호점 앞에는 라이브 카메라가 설치되어

---

*1946년 미국 조지아주에서 탄생한 닭요리 전문 프랜차이즈로 치킨 샌드위치가 특히 유명하다. 브랜드 네임의 마지막 'A'는 A등급의 최상의 닭고기 식재료를 사용함을 의미한다. 미국 ACSIAmerican Customer Satisfaction Index에서 패스트푸드점 만족도 1위를 차지한 바 있으며, 매년 빠르게 성장(연평균 10% 성장)하며 2018년에는 102억 달러의 매출을 기록하였다. 마니아층이 많으며 일부 마니아들이 메뉴 품절 소식에 총기 난동을 벌여 화제가 되기도 했다.

있어 홈페이지를 통해 매장에 줄이 얼마나 긴지 확인할 수 있다고 한다.[*]
2014년 6월, 누들 전문점 '모모푸쿠Momofuku'의 창립자인 데이비드 창
David Chang이 개발한 '슈림프 스택 버거Shrimp Stack Burger'를 판매한 날에
는 쉐이크쉑 1호점 역사상 가장 긴 줄을 기록하기도 했다.

2013년에는 1호점에서 결혼식을 올리고 싶다는 한 커플Gabriel Trujillo
&Vanessa Valdez의 간절한 청을 받아들여 웨딩 행사가 열리기도 했다. 실
내 좌석이 없고 야외 좌석만 있는 이곳은 뉴요커들에게 단순히 햄버거
를 먹기 위한 공간이 아니라 맥주나 와인 한 잔을 들고 일상 속에서 피
로를 달래며 쉬어 갈 수 있는 곳으로 유명하다. 이러한 이유로 한국에도
쉐이크쉑 매장이 있지만 많은 이들이 뉴욕에 가면 꼭 쉐이크쉑을 방문
하는지도 모르겠다.

나는 쉐이크쉑이 파이브가이즈나 인앤아웃에 비해 '기본 메뉴에 충
실한 브랜드'라는 생각이 들었다. 쉐이크쉑에도 메뉴판에는 없지만 주
문 가능한 비밀 메뉴 몇 가지가 있지만(예를 들면 Grilled Cheese), 고객 맞춤
메뉴를 제공하려는 노력은 조금 부족해 보였다. 그렇다고 고객 지향성
이 낮다는 얘기는 아니다. 오히려 기본 메뉴만으로도 충분히 고객을 만
족시킬 수 있다는 자신감처럼 느껴졌다. 쉐이크쉑이 맥도날드, 버거킹
과 같이 정기적으로 가격 할인 쿠폰을 뿌리지 않아도 멀리서 고객들이

---

[*] 뉴욕에 코로나19가 확산되던 때에는 늘 줄이 긴 쉐이크쉑 1호점 앞에 사람들이 전혀 보이지 않아 심각성
이 더 크게 와 닿았다.

찾아오는 것은 이처럼 쉽게 따라할 수 없는 바로 '음식 본연의 맛' 때문일 것이다.

하지만 건강하지 못한 음식이라는 부정적 선입견이 있는 햄버거를 비싼 돈을 주고 사 먹어야 할 때 밀려오는 죄책감은 분명 쉐이크쉑이 넘어야 할 장애물이다. 사실 쉐이크쉑에 대해 고객들이 가지는 '가격이 비싸다'는 인식은 반드시 적은 양 때문만은 아닐 수 있다.

예전에 어느 외식업체에 자문을 해주면서 왜 직장인들이 회식 때 구워 먹는 고깃집 대신 건강에 좋은 보쌈집에 잘 가지 않는지를 분석해 보았다. 그것은 바로 음식을 먹는 시간이 짧기 때문이었다. 보쌈에는 고기를 천천히 구우며 술잔을 주고받는 '시간'이 없었다. 다 익혀져 나온 보쌈이 순식간에 사라지고 나면 대화가 끊기고 어색해진다는 것이다. 게다가 선배 입장에서는 후배들에게 뭔가 푸짐하게 맛있는 것을 사주었다는 기분도 들지 않는다고 했다.

이렇듯 음식의 양도 중요하지만 먹는 시간이 가격의 의미를 새롭게 해석하게 한다. 물론 패스트푸드인 햄버거를 먹는 시간을 늘리라는 것은 넌센스에 가깝다. 그렇다면 이 문제를 어떻게 해결해야 할까. 쉐이크쉑처럼 다른 햄버거 브랜드에 없는 와인 메뉴를 추가하여 햄버거도 고급스러운 한 끼 식사라는 인식을 가지도록 만들면 될까. 참 어려운 숙제이지만, 남들이 해결 못 하는 고민을 해야 시장을 더 넓고 깊게 공략할 수 있다.

브랜드의 양식장에 고객을 가두다

미국 _ 파네라브레드

햄버거 브랜드들과 경쟁하는 법

2019년 10월 미국의 유명 베이커리 체인 카페 파네라브레드Panera Bread 의 캐리Cary 매장을 찾아갔다. 파네라는 패스트푸드와 같이 빠르면서도 건강에 좋은 음식을 먹고 싶어 하는 사람들에게 큰 사랑을 받고 있는 브랜드이다.

1980년 보스턴의 작은 쿠키 가게로 시작한 파네라는 한국인들에게 는 다소 생소할지 모르나 미국과 캐나다 전역에 2000개가 넘는 매장을 가지고 있다. 매일 공수되는 신선한 도우를 이용해서 당일 새벽에 직접 매장에서 만드는 빵* 외에도 건강한 식재료를 이용해 만드는 파스타, 샐러드, 샌드위치, 수프 등이 인기 있다.

파네라는 2010년 메뉴판에 칼로리를 표기한 최초의 체인 레스토랑으로 유명하다. 2017년부터는 인공 색소, 인공 설탕, 방부제를 전혀 사용하지 않고 있으며 '노-노 리스트No-No List'를 만들어 건강에 해로운 식재료를 완전히 제거한 메뉴All-clean Menu를 만든다는 미션을 추구하고 있다. 이러한 파네라의 미션은 좋은 음식의 표준을 만들겠다는 의지를 담은 'Food as it should be'라는 슬로건에도 잘 담겨 있다. 최근에는 'We are Panera bread'라는 슬로건의 변경을 통해 브랜드의 강한 자신감을 드러내고 있다.**

파네라는 건강한 음식뿐 아니라 운영 효율화를 위한 혁신으로도 유명한 브랜드이다. 전 CEO였던 로널드 샤이치Ronald M. Shaich는 자신이 직접 매장에 방문해 100시간 이상 고객들의 행동을 관찰하고 고객만족도를 개선할 수 있는 방법들을 고민했다.

특히 주문 카운터 개수의 3배나 되는 무인 주문 키오스크를 빠르게 도입했다. 내가 방문한 매장에도 5~6개의 키오스크가 있었는데, 한두 개의 키오스크에 긴 줄이 늘어서 있는 다른 외식 브랜드를 이용할 때와 달리 뒤에 기다리는 사람이 없어 압박감을 느끼지 않고 낯선 키오스크

---

*당일 판매가 안 된 빵은 지역 사회에 기부하는데, 매년 약 1000억 달러치의 빵을 기부하고 있다.
**파네라가 유명해지게 된 배경에는 건강한 음식이라는 브랜드 이미지 못지않게 2006~2007년 전체 매장에 무료 와이파이를 도입한 것이 큰 역할을 했다. 당시 무료 와이파이를 이용할 수 있는 공간이 많지 않았기에 파네라 매장에 고객들이 몰려들면서 30분~1시간의 이용 시간 제한을 두기도 했다고 알려져 있다.

를 차분하게 이용할 수 있었다.

또한 스마트폰 앱을 이용한 모바일 주문도 가능한데, 파네라가 이러한 무인 키오스크와 모바일 주문 시스템을 도입한 것은 2014년으로 스타벅스보다도 빠르다. 하지만 초기에는 주문 대기 시간을 단축한 것이 주방 업무에 과부화를 발생시켜 주문한 음식을 제대로 만들지 못하는 문제가 생기기도 했다. 파네라는 이를 해결하기 위해 주방에서 주문한 음식을 사진으로 확인하고 조리대에서 디스플레이를 통해 조리 방법을 바로 확인할 수 있는 시스템을 도입했다.

파네라 매장을 방문했을 때 가장 기억에 남은 것은 월 7.99달러(세금 포함)를 내면 커피(디카페인, 아이스커피 포함)를 무제한으로 마실 수 있는 서비스였다. 파네라에서 가장 저렴한 커피 한 잔 가격이 약 2달러이니 4번만 먹어도 소비자는 이득인 셈이다.

그렇다면 파네라는 왜 전혀 수익이 나지 않을 것 같은 이러한 서비스를 개발한 것일까. 바로 자물쇠 효과Lock-in Effect*를 노리는 것이다. 현업에 있는 사람들끼리는 흔히 이를 가두리 양식 생태계 구축이라고 표현하는데, 이를테면 소비자를 유인해 가두리 양식장 안에 넣고 쉽게 도망가지 못하게 문을 걸어 잠그는 것이다. 재미있는 것은 양식장 생활이 익숙해지면 문을 열어줘도 쉽게 도망가지 못하고 스스로 그 안에 머무는

---

*기존의 제품 및 서비스보다 더 뛰어난 것이 나와도 이미 투자된 비용이나 기회비용, 혹은 복잡함이나 귀찮음으로 인해 타 제품 및 서비스로 옮겨가지 못하게 되는 것을 말한다(한경 경제용어사전).

삶을 선택하기도 한다는 점이다.

파네라에 한 달 커피 값을 선납한 고객의 마음은 어떨까. 본전을 뽑아야 한다는 생각에 적어도 4번을 방문하기 전에는 다른 곳으로 옮겨가기 쉽지 않다. 게다가 커피를 마시러 온 고객은 커피와 함께 먹을 다른 메뉴들을 주문하게 되고, 건강한 음식을 먹는다는 만족감에 익숙해져 한 달이 지나 자유의 몸이 되어도 쉽게 떠나지 못하게 된다.

아무리 그래도 월 7.99달러는 파네라가 수익을 남기기에 너무 저렴한 가격이 아닐까 의심할 수 있다. 그러나 이 레스토랑의 주력 메뉴가 커피가 아니라는 점에 주목해야 한다. 커피를 마시러 온 사람들 중 대부분이 식사 메뉴 등 마진이 높은 메뉴를 추가로 주문하기 때문이다.

만약 파네라가 커피만이 아닌 주력 메뉴를 포함해 이러한 요금제를 적용했다면 어땠을까. 이때는 얘기가 달라진다. 타 메뉴를 함께 파는 교차 판매가 아닌 무제한 요금제 그 자체에서 수익을 내야 하는 모델이기 때문에 가격이 높아질 수밖에 없다. 실제로 일본의 '헨델스카페Handel's Café'가 14가지 커피와 차를 한 달 동안 무제한 이용 가능하도록 한 서비스는 가격이 5800엔이나 된다.

게다가 파네라가 월정액 서비스의 대상으로 선택한 커피는 매일 먹어도 지겨워지는 메뉴가 아니라는 점도 중요하다. 만약 파스타와 같은 주력 메뉴였다면 아무리 가격이 저렴하다 해도 매일 같은 음식을 먹기가 쉽지 않다. 단기적으로 고객을 끌어들여 매출 증가를 꾀할 수는 있으

웹버거 브랜드와는 다른 매력의 '파네라브레드'

당일만 판매되는 빵들

7.99달러에 제공되는 커피 구독 프로그램

나 장기적으로는 충성 고객의 이탈을 유도하는 위험한 전략이 될 수 있는 것이다.*

이러한 생각들을 하다 보니 맛있는 햄버거 브랜드가 즐비한 미국 땅에서 건강한 음식으로 선전하고 있는 파네라가 실로 대단하게 느껴졌다. 특히 '패스트푸드 → 건강에 해로움 → 죄책감'이라는 오랜 인식의 장벽을 넘어선 것을 칭찬하고 싶다. 게다가 음식도 기대했던 것보다 훨씬 맛있어서 건강한 음식은 맛이 없다는 편견도 깨주었다.

---

*일본의 라면 전문점인 야로라멘은 2017년 월 8600엔을 내면 매일 3종류의 라면 중 하나를 골라 먹을 수 있는 메뉴를 출시하였다. 12번만 먹어도 충분히 본전을 뽑을 수 있는 가격이다. 하지만 라면 마니아라면 몰라도 한 달에 12일 동안 하루에 한 끼를 매번 라면으로 먹는다면 일반 소비자들은 대부분 쉽게 지치지 않을까. 12번을 못 먹고 포기한 소비자는 돈을 낭비했다는 자책감을 가질 수 있고, 12번을 훌쩍 넘긴 소비자는 목표를 달성했다는 순간적인 만족감을 느낄 수는 있겠지만 라면에 질려 이제 당분간은 먹지 않겠다고 선언할지도 모른다.

Sleep

PART 2 ───────── 지다

509

차별화된 가치는
예약 정보 확인에서 시작된다

대만 _ 웨스트게이트호텔

칫솔 하나에서 느껴지는 배려

2019년 8월, 미국 필라델피아의 '메리어트호텔Philadelphia Marriott Old City'
에서 가족과 함께 머무른 적이 있다. 그런데 자기 전 욕실에서 9살된 아
들이 양치를 하다 유리컵이 손에서 미끄러져 온 바닥에 유리 조각들이
흩어지는 아찔한 경험을 했다. 고급 호텔에 걸맞게 입구로 갈수록 점점
좁아지는 삼각형 모양의 멋진 유리컵을 준비해 두었으나 아이의 안전
에는 오히려 독이 된 것이다. 다행히 아이가 놀라서 움직이지 않고 멈
춰선 탓에 다치지는 않았지만 매우 위험한 순간이었다.

밤늦게 직원을 불러 청소를 부탁했으나 혹시나 남아 있을 유리 조각
이 걱정되어 다음날 아침까지 방안을 자유롭게 돌아다니지 못했다. 비

록 체크아웃 할 때 깨진 유리컵에 대한 보상을 요구하지 않았고 아이를 걱정해 주는 직원의 태도 덕분에 호텔에 대한 만족도가 낮아지지는 않았지만, 다음에도 다시 이용하고 누군가에게 추천할 것이냐고 묻는다면 글쎄, 대답이 망설여진다.

브랜드 충성도Brand Loyalty는 일반적으로 재이용 의도와 추천 의도로 측정한다. 불만족하지 않았다고 충성도가 높아지는 것은 아니다. 이런 측면에서 그때의 경험은 분명 생각해 볼 여지가 있다.

우리는 호텔을 예약할 때 일반적으로 투숙객의 정보를 입력한다. 성인 이외에 아동이 있는 경우에는 나이까지 입력하도록 요구하는 경우도 적지 않다. 하지만 대부분의 호텔들은 이 정보를 고객들에게 차별화된 가치를 제공하는 데 사용하지 않고 추가 요금을 부가할지를 판단하는 데에만 사용하는 것 같아 늘 아쉬움이 남는다.

조금만 관심을 가졌다면 호텔은 내가 어린 아이와 머무는 것을 알았을 터이고 욕실에 잘 미끄러지는 유리컵이 아니라 플라스틱컵이나 종이컵을 준비해 뒀을 것이다. 만약 방이 미리 배정되지 않았다면 체크인을 할 때 주는 방법도 있다.

호텔에 비치된 비누와 샴푸는 어떤가. 그동안 내가 방문한 어떤 호텔에도 아이들 전용 제품을 비치해 두거나 아이들이 함께 사용할 수 있는 안전한 제품이라는 메시지를 적어 놓은 곳이 없었다. 그래서인지 주변에도 아이들과 함께 여행을 할 때 늘 키즈 전용 비누와 샴푸를 챙겨 다

니는 불편함을 감내하는 분들이
적지 않다.

사실 호텔을 이용할 때 개인적
으로 가장 불편한 것은 바로 칫솔
이다. 미국의 호텔들은 4성급 이상
에도 객실에 칫솔이 없는 경우가
많지만 아시아 지역의 호텔들은
그보다 낮은 등급에도 대부분 칫
솔이 있다. 그런데 '혜택'이 되어
야 할 이 칫솔이 가족과 함께 여행
한 내게는 오히려 '불편함'으로 다
가왔다.

'웨스트게이트호텔'의 각각 다른 색의
슬리퍼와 칫솔

호텔에서 1박 2일을 머무른다
고 가정하면 밤에 자기 전과 다음날 아침에 한 번, 최소 두 번의 양치를
하게 되는데 문제는 아침이다. 양치를 하려고 보면 전날 밤 내가 사용한
칫솔이 어떤 것인지 헷갈릴 때가 있다. 완전히 똑같이 생긴 두 개의 칫
솔이 나란히 놓여 있기 때문이다.

나이가 들어 기억력이 감소한 고객의 탓이라고 얘기하면 할 말은 없
지만, 고객이 느끼는 이러한 불편을 놓치지 않고 적극적으로 해결하려
고 노력하는 호텔도 있다. 2017년 5월, 대만 타이페이에 갔을 때 '웨스

트게이트호텔Westgate Hotel'에서 하룻밤을 머물렀다.* 이 호텔은 두 개의 칫솔이 검정과 흰색으로 각각 색이 달랐다. 아무리 기억력이 나빠도 내 칫솔이 무슨 색인지는 기억할 수 있었다.

뿐만 아니다. 이 호텔은 객실 실내화에도 파란색과 빨간색 표기를 해 두어 투숙객의 기억을 돕고 있었다. 하지만 여전히 아쉬움은 남았다. 성인 2명, 아이 1명으로 투숙객 정보를 미리 입력해 두었음에도 칫솔과 실내화는 2개뿐이었기 때문이다.

2018년 11월, 일본 오키나와를 여행할 때에는 내가 묵은 모든 호텔들이 서로 다른 색깔의 칫솔을 비치해 둔 것을 보고 놀란 적이 있다. 그중 한 곳은 투숙객의 수에 맞게 3가지 색의 칫솔을 비치해 두고 있었다. 하지만 아쉽게도 3개의 칫솔 모두 성인용이었고 준비된 치약을 아이가 함께 사용해도 되는지는 여전히 걱정이 되었다.

나는 늘 호텔에서 어린 아들이 자기 실내화는 없다며 성인용 실내화를 신고 뒤뚱뒤뚱 뛰어다니는 모습을 보며 혹여나 넘어지지 않을까 가슴이 조마조마하다. 물론 아이들은 발 크기가 다 다르기 때문에 맞추기 힘들 수도 있다. 하지만 성인 남녀의 발 크기도 제각각이다. 완벽하지 않더라도 최선을 다했다는 느낌만 전달할 수 있다면 그걸로 족한 것이

---

* 대만 타이페이에서의 좋은 기억 때문에 동일한 브랜드의 호텔을 미국 라스베이거스에서도 이용해 보았는데, 지역 차이를 고려하더라도 고객을 배려하는 섬세함에 너무나 큰 차이가 있었다. 칫솔과 실내화는 당연히 없었고 휴대폰 충전을 할 수 있는 콘센트도 제대로 없어 한참을 헤맸다. 같은 브랜드를 사용하면서 소비자에게 일관된 경험을 제공하지 못하는 것은 브랜딩 관점에서 바람직하지 못하다.

다. 언젠가 숙박할 호텔에서 보낸 예약 확인 메일에 '어린이 전용 칫솔, 치약, 실내화, 세면용품이 모두 준비되어 있습니다, 안심하고 그냥 오세요'라는 메시지가 적혀 있는 날이 오면 좋겠다.

요즘 일부 고급 호텔들은 고객의 예약 정보를 활용해 호텔 방에 비치된 TV로 투숙객의 이름을 부르며 환영 인사를 남기기도 한다. 하지만 그것만으로는 고객과 친밀감을 형성하고 마음을 사로잡기에 부족하다.

특히 자녀의 수가 감소하면서 아이에 대한 부모의 관심도가 매우 높아졌다. 이는 아이에 대한 관찰의 밀도가 높아져 서비스의 품질을 모니터링하는 소비자의 눈이 많아지고 예민해질 수 있음을 의미한다. 이러한 고객들을 위해 예약 정보만 유심히 들여다봐도 경쟁사와 차별화된 가치를 제공할 수 있는 마케팅 전략을 어렵지 않게 떠올릴 수 있을 것이다.

화려함 vs. 따뜻함

미국 _ 베네치안리조트

최고의 호텔에서 맛본 씁쓸함

2020년 새해가 시작되고 얼마 지나지 않아 가족들과 함께 라스베이거스의 고급 호텔인 베네치안리조트The Venetian Resort Hotel Casino에서 3박을 했다. 블로거들의 이용 후기에 따르면 라스베이거스의 호텔들은 독특한 팁 문화가 있는 듯했다. 체크인할 때 모른 척 20달러를 여권에 끼워서 주면 프런트데스크 직원의 재량으로 방을 무료 업그레이드해 준다는 내용이었다. 특히 비수기에 방 배정이 거의 끝나는 오후 6시 이후에 가면 성공률이 높고, 경우에 따라서는 방값 이외에 호텔이 부과하는 하루 40~50달러의 리조트 이용료도 할인받을 수 있다고 했다.

뭔가 뇌물을 주는 것처럼 떳떳하지 못하고 은밀하게 이루어지는 거래라는 생각에 여러 번 망설였지만, 직원들의 반응과 행동이 궁금해 한 번 도전(?)해 보기로 했다. 오후 7시쯤 호텔에 도착한 나는 체크인을 할 때 신분증과 신용카드 사이에 곱게 접은 20달러를 끼워서 직원에게 건넸다.

그런데 놀랍게도 직원은 너무나 자연스럽게 20달러를 빼서 자기 앞에다 두고는 팁을 줘서 고맙다고 얘기하며 웃었다. 반면 나는 혹여 옆 직원이나 다른 고객에게 은밀한 거래를 들킬까봐 낯이 뜨거워졌다. 아무튼 팁 덕분인지 원래 내가 예약한 방은 킹사이즈 침대가 하나인 스위트룸이었는데 퀸사이즈 침대가 두 개인 데다 더 넓고 깨끗한 리모델링된 건물에 위치한 고층 방으로 배정받을 수 있었다.[*]

그런데 잠시 후 옆을 둘러보니 체크인하는 독일인들도 자연스레 20달러를 건네는 모습이 눈에 들어왔다. '아, 이제 은밀한 것이 아니구나. 괜히 나만 창피해 했네'라는 생각이 들었다. 어쩌면 이제 20달러의 팁은 직원들이 당연히 기대하는 소득의 일부가 된 것 같았다.

만약 팁을 주지 않았다면 어떻게 되었을까. 사람은 이익보다 손실에 더 민감하다.[**] 당연히 받아야 할 돈을 받지 못한 직원은 무료 룸 업그레이드를 안 해주는 것은 물론 서비스에 소홀해지지 않았을까. 뭔가 쓸쓸

---

[*] Venetian Resort Hotel을 예약했지만 Bellagio Las Vegas에 있는 방으로 배정을 받았다. 처음에는 다른 호텔의 방을 배정받은 줄 알고 당황했으나 알고 보니 같은 호텔이 운영하는 곳이었다.
[**] 행동경제학자들이 주장하는 전망 이론Prospect Theory에 따르면, 사람은 같은 크기의 이익과 손실이 발생한 경우 이익으로 인한 가치의 증가분보다 손실로 인한 가치의 하락분을 더 크게 지각한다. 이는 가치함수Value Function가 손실과 이익의 영역에서 서로 비대칭적이기 때문이다.

'벨라지오호텔' 방에서 본 라스베이거스의 낮과 밤

한 기분이 들었다.

이런 생각을 하는 동안 프런트데스크 직원은 특별한 설명 없이 룸 번호가 적힌 카드키를 건넸다. 리모델링한 옆동으로 가면 된다는 얘기와 함께. 우리는 커다란 캐리어를 끌고 카지노에서 풍겨 나오는 담배 냄새를 맡으며 한참을 헤맨 후에야 겨우 방을 찾을 수 있었다. "이렇게 멀리 떨어져 있고 찾기 힘든데 안내 지도라도 하나 주지…." 탄식이 절로 나왔다. 20달러의 팁을 줬는데 그에 걸맞은 서비스를 받지 못하는 것 같아 기분이 좋지 않았다.

하지만 37층에 위치한 객실에 도착한 후 방문을 열었을 때 서운했던 마음은 금세 녹아내렸다. 방은 한마디로 멋졌다. 특히 '방 크기'를 호텔 방을 평가하는 절대 기준으로 생각하는 어린 아들은 환호하며 여기저기를 뛰어다녔다. 버튼을 누르자 커튼이 걷히며 라스베이거스의 야경이 한눈에 들어왔다. 내가 인생 야경이라 손꼽는 태국 방콕의 루프탑 시로코Sirocco & Sky Bar*에는 못 미치지만 라스베이거스만의 넓고 웅장한 야경이 가슴을 뻥 뚫리게 했다.

하지만 호텔의 화려함이 주는 감동은 딱 하룻밤뿐이었다. 시간이 갈수록 장점보다는 단점이 더 많이 보였다. 먼저 커피머신이 없었다. 커피를 즐겨 마시지는 않지만 아침에 커피 향을 맡고 하루를 시작하면 왠지 기분이 좋아져 호텔에서 자고 일어나면 꼭 커피를 내리는데, 방 어디에도 커피머신이 보이지 않았다. 나중에 보니 건물 2층에 스타벅스가 있었다. 간단한 안내문이라도 방안에 있었더라면 하는 아쉬움이 남았다.

게다가 여행 중 아이들은 꼭 해줄 수 없는 것들을 부모에게 요구하곤 한다. 아들이 비상으로 챙겨온 컵라면을 갑자기 먹고 싶다고 했지만 뜨거운 물을 구할 방법이 없었다.

방에 있는 냉장고도 무용지물이었다. 낮에 아들이 먹다 남은 샌드위치와 편의점에서 사온 우유를 넣을 수가 없었다. 냉장고에 자동 센서가 부착되어 있어 안에 있는 음료를 꺼내거나 움직이면 요금이 자동 계산되어 청구된다는 경고문이 붙어 있었기 때문이다.

호텔 측에서 예상하지 못한 고객의 불편이 아니었을 텐데 자신들의

---

* 태국 방콕의 르부아앳스테이트타워호텔의 옥상에 있는 루프탑 바인 시로코Sirocco & Sky Bar는 반얀트리호텔 61층에 위치한 문바Moon Bar와 함께 멋진 야경을 볼 수 있는 곳으로 유명하다.

편의를 위해 이런 결정을 한 것이 다소 이해가 되지 않았다. 호텔이 얻는 것보다 잃는 것이 더 많아 보였기 때문이다. 이후에도 나는 혹시나 요금 청구서에 잘못 청구된 금액은 없는지 방 안의 TV를 이용해 매일 밤 계산서를 확인해야 했다.

라스베이거스의 호텔은 카지노 수익 덕분에 미국 어느 곳보다도 호텔 숙박료가 저렴하다. 하지만 매우 저렴한 가격에 멋진 야경을 볼 수 있고 첨단 기술이 적용된 고급 호텔에서 머무른 며칠 밤의 기억 속에 씁쓸함이 더 크게 남은 이유는 무엇일까. 고객을 생각하는 따뜻한 정성이 느껴지지 않았기 때문일 것이다.

물론 평균 이상의 만족스러운 호텔이었으나 소비자의 만족은 기대 대비 성과로 결정된다. 넓은 방과 멋진 야경이 20달러의 팁과 결합되어 기대 수준을 한껏 끌어올려 놓았기에 애초부터 이 호텔은 고객 감동을 주는 데 어려움이 있었을지도 모른다.

미국 _ 야바파이로지

할 수 있는 최선의 배려와 온기

라스베이거스에 여행을 갔을 때 차로 약 5시간 떨어진 그랜드캐년에 있는 로지Lodge에서도 이틀을 머물렀다. 몇 달 전 미리 예약하지 않으면 국립공원 안에 있는 로지에서는 숙박이 힘들다는 후기와 달리, 비수기에 여행을 간 덕분에 이틀을 각각 다른 전망의 좋은 로지에서 지낼 수 있었다.

그 중 첫날 머무른 '야바파이로지Yavapai Lodge'가 특히 인상적이었다. 라스베이거스에서 묵은 호텔의 절반도 안 되는 방 크기에 화려함이라고는 눈 씻고 봐도 찾을 수 없는 매우 소박한 곳이었지만 지금도 기억 속에 강하게 남아 있다. 이유는 고객을 위해 할 수 있는 최선을 다하고 있다는 마음이 전달되었기 때문이다.

먼저 화장실 앞 헤어 드라이어 옆에는 작은 전구가 하나 있었다. 처음에는 이 전구가 왜 있을까 궁금했지만 밤에 잠을 자려고 불을 끄는 순간 그 이유를 알게 되었다. 모든 불이 꺼지자 작은 전구가 빛을 발하며 캄캄한 새벽에 화장실을 이용할 고객을 위해 마치 비행기 활주로의 유도등처럼 스위치 위치를 정확히 알려주고 있었다. 의도한 것인지 모르겠지만 더욱이 이 불빛은 침대 반대편으로 새어나와 빛에 예민한 내가 잠을 청하는 데에도 전혀 방해가 되지 않았다.

뿐만 아니라 오래된 로지들은 최신 호텔과 달리 전자기기를 충전할 수 있는 콘센트가 충분하지 않은데, 이곳은 우리가 가져간 휴대폰 3개와 보조 배터리를 충전하고도 남을 만한 별도의 충전용 콘센트를 갖추고 있었다.

　가장 눈길을 끈 것은 샤워하기 전 욕조에서 발견한 '5분 샤워 도전 5 Minute Shower Challenge' 안내문이었다. "사람들의 평균 샤워 시간은 8분이고 20갤런의 물을 사용하는데 당신이 모래시계를 거꾸로 돌려놓고 다 채워지기 전 샤워를 끝내면 보통 사람들보다 60%의 물을 절약하게 된다"는 내용이었다. 일종의 게이미피케이션Gamification을 적용한 넛지 Nudge였다. 물을 절약해 달라는 직접적인 메시지를 전달하지 않고, 게임과 같은 방식으로 소비자의 바람직한 행동을 간접적으로 유도한 것이다.

　밤마다 아침에 샤워를 하겠다고 미루던 아들이 자기가 먼저 샤워를 하겠다고 나섰고 도전에 성공했다며 자랑하는 모습을 보니 그 효과는 충분히 검증되었다. 바쁜 아침에 한 번 더 샤워를 하겠다고 해서 실랑이

배려로 기억된 '야바파이로지'

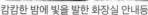
캄캄한 밤에 빛을 발한 화장실 안내등

를 한 부작용만 뺀다면 호텔은 물을 절약하겠다는 목적을 달성했고 고객은 즐거웠으니 효과적인 전략이라 할 수 있다.

한 연구 결과에 따르면 사실 투숙객들은 호텔이 직접적으로 참여를 요구하는 것보다 간접적인 넛지 캠페인에 더 큰 반응을 보였다. 대표적인 것이 수건 재활용 캠페인이다. 2박 이상 머무르는 고객들을 대상으로 한 번 사용한 수건을 바닥에 던지지 않고 재활용하여 환경보호에 동참하라는 캠페인에 고객들의 반응이 시큰둥했다. 하지만 '이 호텔을 이용한 고객의 75%가 수건 재활용 캠페인에 동참하였다'라는 메시지를 남기자 캠페인에 참여하는 고객의 수가 유의미하게 증가했다. 또한 '이 호텔 방을 이용한 고객의 75%'로 범위를 좁혀 상황을 구체화했을 때 효

넉넉한 수의 콘센트

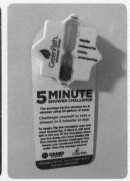

물 절약 넛지 캠페인 '5분 샤워 안내문'

과는 더 크게 나타났다. 이는 대부분의 사람들이 어떻게 행동하는지, 즉 서술적 규범을 이용해 간접적으로 행동 변화를 요구하는 것이 명령 어조의 직접적 참여 요구Injunctive Norm보다 더 효과적이라는 것을 보여 준다.

일본 오사카대학의 마쓰무라 나오히로Matsumura Naohiro 교수는 이와 같이 소비자의 행동을 강제로 명령하지 않고 자연스레 넛지로 유도하는 방법을 '행동 디자인仕掛:Shikake'이라고 정의한다.

그에 따르면 행동 디자인이 성공하기 위해서는 FAD, 즉 3가지 조건이 충족되어야 한다. 공정성Fairness, 매력성Attractiveness, 목적의 이중성Duality of purpose이 그것이다. 공정성은 행동을 설계한 사람과 행동한 사람 누구에게도 불이익이 없어야 함을, 매력성은 유도한 행동을 하고 싶게 만드는 매력이 있어야 함을, 목적의 이중성은 행동하는 사람의 목적과 행동을 설계한 사람의 목적이 다름을 의미한다.

행동 디자인이 성공하기 위해서는 특히 목적의 이중성이 중요한데, 5분 샤워 도전 캠페인은 행동을 하는 사람은 게임을 즐기는 것이 목적인 반면, 행동을 설계한 사람은 환경보호를 목적으로 하고 있다는 점에서 이 조건을 잘 충족하고 있다.

한편 이 로지는 체크인과 체크아웃을 할 수 있는 로비가 숙소에서 차로 5분 정도 떨어진 곳에 위치하고 있었는데, 단점을 보완하기 위해 고객들이 프런트데스크에 전화를 한 후 방안에 키를 놓고 가는 방법으로 체크아웃을 하도록 배려하고 있었다.

물론 거리가 있다 보니 서비스 응대 속도가 느린 문제는 해결하기가 쉽지 않다. 하지만 그 불편함 또한 따뜻한 배려로 불식시켜 주었다.

눈 내린 다음날 아침 커피머신이 고장 나 프런트데스크에 전화를 했더니 15분쯤 후 방문을 노크하는 소리가 들렸고, 문을 열자 장화를 신은 나이 많은 아저씨 한 분이 젖은 옷을 입고 서 있는 모습을 볼 수 있었다. 그는 "다른 빈 객실에 있는 커피머신이 아니라 새 머신으로 바꿔 드려야 같은 문제가 없을 것 같아 새것을 찾아오느라 시간이 더 걸렸습니다. 늦어서 죄송합니다"라고 정중히 사과했다. 커피머신을 들고 급한 걸음으로 눈길을 걸어오셨을 모습을 생각하니 마음이 따뜻해졌다.

물론 이 로지는 방 크기, 침구류의 질, 외부 소음 등에 있어 라스베이거스의 호텔과 비교하면 부족함이 많았다. 하지만 개인적인 만족도는 오히려 높았다. 기대 수준이 훨씬 낮았기 때문이기도 하지만, 작은 로지가 고객을 위해 할 수 있는 최선의 배려를 하고 있음을 온전히 느낄 수 있었기 때문이다. 나는 무엇보다 사람 냄새가 나는 이 로지의 따뜻함이 좋았다.

디테일이 부족한
선한 의도

태국 _ U호텔 님만 치앙마이
먹지 못한 웰컴 과일

2017년 6월, 치앙마이에 갔을 때 나는 귀국 전 마지막 날을 예쁜 카페와 상점들이 즐비한 님만해민 중심에 위치한 'U호텔U Nimman Chiang Mai'에서 보냈다. 태국의 U계열 호텔들은 매우 합리적으로 보이는 24시간 체크인·아웃 시스템을 가지고 있다. 언제 체크인을 하든 그로부터 24시간 이내에만 체크아웃을 하면 된다. 한국으로 돌아오는 밤 비행기를 타야 했던 우리 가족은 체크아웃을 늦게 하기 위해 일부러 늦은 시간까지 관광을 하고 밤 8시에 호텔에 도착했다.

　태국은 어느 호텔에 가나 서비스 정신이 뛰어나고 친절하며 직원들이 영어로 의사소통을 하는 데 전혀 문제가 없다. 이 호텔도 체크인을 할 때 우리 가족이 기분 좋을 만큼 친절했다. 또한 세 가지 향(자스민, 레몬그라스, 대나무)의 비누 중 하나를 골라 직접 방으로 가지고 올라갈 수 있게 한 점이 신선했다. 별 것 아니지만 고객들을 더 소중하게 생각하고 있다는 첫인상을 심어 주기에는 충분했다.

여행을 마치고 돌아오면 오감의 경험이 모두 기억에 남지만, 특히 후각은 추억을 소환하고 기억을 지배하는 정서와 관련이 높은 감각이다. TV에서 보는 여행 프로그램에서는 결코 경험하기 힘든, 직접 체험을 통해서만 얻을 수 있는 차별화된 기억이기 때문이다.

그래서 나는 여행을 가면 호텔방에서 쓰고 남은 샤워젤이나 비누를 가끔 챙겨 온다. 자원 낭비를 막는다는 장점도 있지만, 일상으로 돌아온 어느 날 샤워를 하고 세수를 하다가 느끼는 향이 가장 행복했던 순간의 추억들을 떠오르게 하기 때문이다. 여행지에서 사온 어떤 값비싼 기념품보다 적어도 나에겐 더 훌륭한 기억의 트리거Trigger가 될 수 있다. 그래서인지 U호텔의 작은 배려는 더 좋은 느낌으로 다가왔다.

사실 후각은 개인이 통제하기 매우 어려운 감각이다. 우리가 코를 오랫동안 막고 숨을 참을 수 없듯 말이다. 이는 곧 후각을 잘 관리하지 못하는 호텔은 고객의 소중한 추억에 오점을 남길 수 있음을 의미한다. 멕시코의 휴양지인 칸쿤Cancun에 갔을 때 하룻밤을 머문 파라디수스호텔Paradisus by Melia Cancun이 그러했다.

호텔은 입구에서부터 유쾌하지 않은 낯선 향기가 코끝을 찔렀고, 방

안에 들어서니 두 배나 더 강렬한 향이 머리를 아프게 했다. 그 향을 호텔의 브랜딩을 위한 시그너처로 사용해서인지 실내의 어느 공간에서도 피할 곳이 없었다.

무슨 향인지 한참을 아내와 논의하다 나중에 뷔페 식당에서 맛본 파타야 냄새와 비슷하다는 결론을 내렸다. 물론 후각의 만족도는 개인 취향에 따라 큰 차이가 있다. 누군가에게는 달콤한 과일 향이 나에게는 악취로 느껴질 수도 있다. 향이 이처럼 선호 이질성Preference Heterogeneity이 높은 특성을 가지고 있다면 왜 호텔들은 적어도 방에서 나는 향을 투숙객이 선택할 수 있도록 하지 않는 것일까. U호텔이 비누를 선택하게 한 것처럼 말이다.

아무튼 U호텔은 합리적인 가격의 호텔인 만큼 지나치게 화려하지 않은 모던한 느낌의 인테리어로 꾸며져 있었다. 방 한쪽 구석 테이블 위에는 웰컴 과일로 배 두 개가 담긴 접시가 놓여 있었는데, 늦은 시간 도착해 배가 고프다고 보채는 아들에게는 매우 반가운 선물이었다.

하지만 안타깝게도 배를 깎아 먹을 칼이 어디에도 보이지 않았다. 어쩔 수 없이 그냥 씻어서 껍질 채 먹자고 얘기했지만 아들은 사과도 아니고 배를 어떻게 껍질째 먹냐고 거부했다. 그렇게 한참을 실랑이하는 사이 밤 9시가 되었고 피곤해서 나가기 싫다는 아들을 설득해 밖에 나가서 저녁을 먹고 왔다.

다시 방에 와서 불을 켜니 배가 덩그러니 놓여 있는 모습이 보였다.

'U호텔'의 고객만족을 높인 비누와 그렇지 못한 웰컴 과일

아침에 눈을 떴을 때에도 물론 같은 자리에 놓여 있었다. 먹지 못하는 배를 바라볼 때마다 기분이 유쾌하지 않았다. 호텔은 분명 좋은 의도로 고객들에게 선의를 베푼 것인데, 디테일이 살짝 부족했던 것이 옥의 티가 되어 고객의 만족도를 갉아먹고 있었다.

깜빡하고 칼을 함께 두는 것을 잊어버렸을까. 아니면 태국 사람들은 원래 배를 껍질째 먹는 것일까. 투숙객의 이름이 'KIM'이란 것만 봐도 분명 우리가 한국인이란 사실을 추측할 수 있었을 터이고, 한국인들이 배를 깎아서 먹는다는 것을 알았다면 작은 디테일을 챙길 수 있었을 텐데 하는 아쉬움이 남았다.

물론 프런트데스크에 전화를 해서 칼을 달라고 요청할 수도 있었지만 안타깝게도 당시에는 그 생각을 하지 못했다. 그래서 더욱 아쉬움이 남는다. 만약 접시 위에 '칼이 필요하시면 프런트데스크에 연락주세요'라는 메모가 있었다면 어땠을까.

서비스를 제공하는 기업은 '어차피 고객에게 공짜로 주는 건데 마음에 안 들면 그만이지'라는 생각을 해서는 안 된다. 우선 고객들은 덤으로 주는 것이 아니라 내 요금에 포함된 당연한 서비스라 생각할 수도 있다. 또한 덤으로 준 사소한 서비스가 만족스럽지 못하면 다른 메인 서비스의 평가가 나빠질 수 있다.

중국 _ 파글로리레지던스
공손함이 빠진 안내문

디테일이 부족한 선한 의도는 오히려 고객만족에 독이 되기도 한다. 일본에 여행 갔을 때 어느 호텔 로비의 화장실 안에 가습기가 놓여 있었는데 그것이 그랬다. 변기 바로 위쪽에 설치된 가습기가 화장실을 이용하는 내내 마음을 불편하게 했다. 화장실까지 건조하지 않게 하려고 각별히 신경쓴 호텔의 선한 의도와 달리, 화장실의 나쁜 냄새와 기운이 내 호흡기로 더 빨리 스며들 것 같은 느낌이 들었기 때문이다.

또한 태국의 어느 호텔 화장실에는 변기 옆에 콘센트를 설치해 두었는데, 화장실을 이용할 때도 스마트폰 충전을 할 수 있도록 배려한 것이었다. 하지만 콘센트 바로 앞에 놓인 쓰레기통에 충전 선이 닿아 오염되

친절이 불편으로 변한 일본·태국의 화장실과 '파글로리레지던스'의 한국어 안내문

지 않을까 하는 걱정에 오히려 더 불편해졌다. 화장실을 이용하는 내내 선을 팽팽하게 잡고 있었기 때문이다.

중국 칭다오에 여행 갔을 때에도 비슷한 경험을 했다. 매우 세련되고 전망이 좋은 파글로리레지던스Qingdao Farglory Residence에서 며칠을 묵었는데, 칭다오는 한국과 가까워 한국인들이 많이 다녀가는 곳인 만큼 곳곳에 한국어 안내가 잘 되어 있었고 방안에 구비된 가전기기에도 한국어로 주의사항이 표기되어 있었다.

하지만 이런 배려에도 안내문을 볼 때마다 어쩐지 고객을 존중하지 않고 강압적인 명령을 하는 것 같은 느낌을 지우기 힘들었다. 예를 들면 전기포트 사용 시 주의사항이 중국어와 영어, 한국어로 각각 표기되어 있었는데, 한국어로는 '전기포트는 인덕션렌지에서 가열하는 것을 금지한다', 영어로는 'Please don't use the induction cooker to heat the electric kettle'이라고 되어 있었다.

영어로 'please'라는 공손한 표현을 사용하면서 한국어에는 왜 부탁 어조가 아닌 명령 어조를 사용할 것일까. 번역의 문제일까, 한국인을 바라보는 관점의 문제일까.

이처럼 소비자에게 새로운 가치를 제공하는 것은 결코 쉬운 일이 아니다. 다름이 만들어 내는 새로운 불편함은 없는지 두루 살펴 디테일의 문제를 깔끔하게 해결해야 고객 감동을 만들어 낼 수 있다.

'오래됨'이
가진 양면성

대만 _ 리젠트 타이페이

아날로그와 디지털의 조화

2017년 5월, 나는 대만의 수도 타이페이에 여행을 갔을 때 5성급의 고급 호텔인 '리젠트 타이페이Regent Taipei'에서 며칠을 머물렀다. 번화가에 위치한 이 호텔은 대만에서 꽤 오래된 역사가 있는 유명한 호텔이었다.

　개인적으로 호텔을 얘기할 때 '오랜 역사'라는 수식어보다는 '현대식, 모던한'이라는 용어에 더 끌린다. 그래서 큰 기대 없이 체크인을 하고 방 열쇠를 넘겨받았다. 그런데 순간 깜짝 놀라지 않을 수 없었다. 카드키가 아니라 말 그대로 철로 된 '열쇠'였기 때문이다.

　'우와, 5성급 고급 호텔에서 열쇠를 주다니…' 크게 한 대 얻어맞은 기분이 들었다. 한편으로는 과연 방 인테리어는 어떨까 하는 약간의 기대감이 들었다. 하지만 열쇠를 통해 기대했던 고풍스러운 방과는 달리 보통의 고급 호텔과 크게 다를 바 없는 평범한 모습이었다.

그때 침대 위에 2단으로 접힌 카드 비슷한 것이 눈에 띄었다. 처음에는 호텔에서 흔히 볼 수 있는 환영 인사 카드 정도로 생각했는데, 자세히 보니 QR코드를 찍어 원하는 신문을 볼 수 있게 한 안내문이었다. 대단한 반전이었다.

이제 호텔은 고객들에게 어떤 신문을 방으로 배달해 줄지 체크인할 때 미리 물어볼 필요가 없다. 또 고객들은 아침에 문 앞에 놓인 신문을 가지러 나가는 불편함을 느끼지 않아도 된다. 10개가 넘는 신문들 중 원하는 신문의 QR코드를 스마트폰으로 찍기만 하면 침대에 누운 채 볼 수 있기 때문이다.[*]

아날로그와 디지털의 묘한 조합을 보고 나니 이 호텔의 오래됨은 시간의 흔적이 남긴 노후화가 아닌 의도된 감성 전달의 도구라는 생각이 들었다. 지나친 확대 해석인지 모르지만 아날로그 열쇠를 통해 호텔의 오래된 역사에서 오는 정통성을 느끼게 한 후, QR코드 신문이라는 반전을 통해 호텔이 카드키를 제공하지 못할 만큼 노후화된 것이 아니라 더 나은 경험을 계획 하에 제공한 것이라는 메시지를 전달하려 한 것은

---

[*] 물론 나처럼 아날로그 종이의 느낌을 좋아하는 사람에게는 적절한 대안이 아닐 수도 있다.

아니었을까.

그렇다면 왜 아날로그 감성을 전달하는 매개체로 '열쇠'라는 도구를 사용했을까. 호기심이 생겨 나름대로 추론해 보았다.

첫째, 호텔에 대한 첫인상에 가장 큰 영향을 미치는 체크인 과정이 방 열쇠를 건네는 것으로 끝이 난다. 이렇게 형성된 첫인상은 이후에 제공되는 서비스에 대한 기대감을 갖게 하고 평가의 결과를 결정하는 중요한 역할을 한다.

둘째, 방 열쇠는 체크아웃을 하는 순간까지 항상 휴대해야 하고 소중히 간직해야 할 대상이다. 이는 접촉 빈도가 높아 전달하고자 하는 메시지를 보다 확실하게 전달할 수 있음을 의미한다.

마지막으로 스마트폰과 접촉 시 오류 발생률이 높은 카드키의 단점이 해소된다. 최근 이용한 몇몇 호텔에서는 카드키를 스마트폰과 함께 보관하지 말라는 주의사항을 얘기해 주기도 했다.

오래됨은 노후화와 정통성이라는 양면성을 가진다. 오래돼서 나쁜 것이 아니라 불편하니까 오래된 것이 싫은 것이다. 노후화로 발생하는 문제를 제대로 해결하고 정통성을 부각하면 오래됨은 경쟁 브랜드들이 결코 쉽게 모방할 수 없는 엄청난 자산이 될 수 있다.

첫인상만큼
중요한 것이 있다

일본 _ 더블트리 바이 힐튼

따뜻한 쿠키가 전해준 안도감

2018년 11월 방문한 일본 오키나와의 더블트리 바이 힐튼Double Tree by Hilton은 내 기억 속에 깊이 남아 있는 곳 중 하나다. 우리는 첫인상이 가장 중요하다는 얘기를 자주 듣는다. 어떤 대상에 대해 처음 가지게 된 감정이 이후에 경험하게 되는 여러 평가와 의사결정에 큰 영향을 미치기 때문이다.

그래서인지 몇 초도 안 되는 짧은 시간에 형성되는 첫인상을 좋게 남기려고 많은 호텔들이 노력하고 있다. 객실보다 더 화려한 호텔의 로비와 웰컴 드링크는 물론이고, 태국 푸켓의 르네상스호텔Renaissance Phuket Resort&Spa은 체크인할 때 아들에게 예쁜 백팩을 선물하기도 했다. 더블트리 바이 힐튼와의 첫 만남은 '따뜻한' 쿠키와 함께였다.

오키나와에 도착했을 때 나는 국제 운전면허증을 분실했다는 사실을 알게 되었다. 렌터카 이용이 불가능해지자 일이 복잡해지기 시작했다. 일정 중 하루를 머무를 계획이던 에어비앤비Airbnb의 숙소는 도저히 대중교통으로 접근할 수 없는 곳에 있어 서둘러 취소를 해야 했고, 공항에서 바로 갈 수 있는 호텔을 알아봐야 했다.

예상치 못한 일들을 처리하다 보니 우리 가족은 식사도 제대로 하지 못한 채 늦은 시간 호텔에 도착했다. 지친 표정으로 체크인하려고 줄을 서 있는데 직원이 다가와 우리에게 갓 구워낸 듯 아직 따뜻함이 남아 있는 쿠키를 건넸다. 입안에 온기가 느껴지면서 긴장감이 해소되고 이제 편안한 곳에 왔다는 안도감이 들었다. 풀이 죽어 있던 아이는 밝게 웃었고 가족들은 서로를 격려했다.*

그런데 첫인상만큼이나 브랜드에 대한 기억에 강한 인상을 남기는 순간이 있다. 그것은 바로 브랜드에 대한 경험들 중 가장 강렬한 감정을 느낀 순간과 마지막 경험의 순간이다. 사람들은 헤어진 연인에 대해 어떻게 기억하고 있을까. 처음 어디서 어떻게 만났는지나 그때의 감정은 비교적 잘 기억한다. 하지만 그것 못지않게 선명하게 남는 기억은 함께

---

* 그 호텔이 좋은 기억으로 남을 수 있었던 데에는 다음날 항공사에 근무하는 지인의 도움으로 인천공항 분실물 센터에서 찾은 국제 운전면허증을 오키나와 공항에서 받아 순조롭게 여행을 마칠 수 있었던 것도 작용했을 것이다. 이처럼 기억과 감정, 또 평가는 매우 개인적이다.

124

하는 동안 가장 행복했거나 슬펐던 순간의 경험일 것이다. 또한 마지막 헤어질 때의 순간은 쉽게 잊혀지지 않는다. 반면 다른 수많은 경험들은 시간이 지나면 어느 순간 잘 떠오르지 않는다.

이처럼 인간의 특정 대상에 대한 기억은 가장 좋았거나 슬펐던 순간 그리고 마지막 경험의 영향을 크게 받는데, 심리학자들은 이를 '절정과 마지막의 법칙Peak and End Rule'이라고 이야기한다. 그렇다면 호텔을 이용할 때 절정의 경험은 무엇일까.

호텔 예약 사이트의 이용 후기들 중 비교적 길고 자세하게 서술한 글들을 보면 서비스 실패Service Failure에 대한 내용들이 유독 많다. 그만큼 강렬하고 선명하게 기억되기 때문이다.

뉴욕 맨해튼의 이베로스타호텔Iberostar 70 Park Avenue Hotel에서 머무를 때의 일이다. 방에 들어서자마자 금고가 고장난 사실을 알게 되어 프런트데스크에 전화를 했고 직원이 점검을 하러 왔다. 그런데 고치는 데 대략 얼마나 걸릴 것 같냐고 물어보았더니 "고쳐 봐야 안다"는 대답이 돌아왔다.

그래서 다시 프런트데스크에 전화를 해 방을 옮겨줄 수 있는지 물었다. 하지만 성수기라 같은 가격대의 방은 남아 있지 않으니 추가 요금을 지불하고 좀 더 넓은 방으로 옮길 것을 권유했다. 자신들의 잘못으로 소중한 고객의 시간이 낭비되고 있는데 추가 요금을 내고 방을 바꾸라니, 야속하게 느껴졌다. 다행히 20분도 채 되지 않아 금고가 고쳐져 다음 일정에는 늦지 않았지만 지금도 그 호텔을 생각하면 이 기억이 가장 먼저 떠올라 호감이 가지 않는다.

괌에 여행 갔을 때 쉐라톤호텔Sheraton Laguna Guam Resort에서 머무른 경험도 좋지 않은 기억으로 남아 있다. 소음에 민감한 나는 예약할 때부터 조용한 방으로 배정해 달라고 각별히 부탁했고, 체크인할 때도 더블 체크를 했다.

하지만 밤 늦게까지 1층 바에서 들려오는 시끄러운 소음 때문에 잠을 잘 수가 없었다. 다음날 아침 일찍 프런트데스크에 가서 사정을 얘기하자 다른 방으로 옮겨주었다. 새로 배정받은 방은 확실히 조용했다. 아침 일찍 방을 옮길 수 있었던 것으로 보아 분명 어제도 비어 있었던 방인데 왜 처음부터 이 방으로 배정해 주지 않았을까 아쉬움이 들었다. 잠을 잘 못 잔 탓에 다음날 하루가 몹시 피곤했고 그날 일정은 일찍 마무리하고 잠자리에 들어야 했다.

칸쿤의 파라디수스호텔Paradisus by Melia Cancun은 체크인을 할 수 있는 공간을 그 어떤 호텔보다도 매우 세련되고 멋지게 꾸며 두었다. 유리로 둘러싸인 넓은 실내공간에서 미리 준비된 음료와 다과를 먹으며 시원한 에어컨 바람 아래 있으니 더위에 지친 몸이 다시 살아나는 것 같았다. 첫인상이 매우 좋았고 설레임이 가득했다.

그런데 체크아웃을 하는 공간은 정반대였다. 천정이 뚫린 야외에 더운 열기를 느끼며 앉을 공간도 없어 서서 기다려야 했다. 떠나는 순간이 아름답지 못하면 좋은 기억으로 남기 힘들다.

칸쿤의 또 다른 호텔인 파나마잭리조트Panama Jack Resorts Cancun에 갔을 때는 배정된 방에 입실한 지 30분도 채 되지 않아 화장실 천정에서 물이 새는 것을 발견했다. 프런트데스크에 이 사실을 알리자 고치는 데 시간이 많이 소요될 것 같으니 방을 옮겨 주겠다고 했다. 그들이 새롭게 배정한 방은 고층에 있는 업그레이드된 방이었을 뿐 아니라, 직원을 보내 2가지의 방을 보여주며 원하는 것을 '선택'할 수 있도록 해주었다.

어느 호텔에서나 서비스 실패는 있을 수 있다. 하지만 중요한 것은 서비스 회복Service Recovery이다. 제대로 된 서비스 회복은 고객들에게 더 큰 신뢰를 얻는 기회가 될 수도 있다.

미국 _ 카리브 로열 올랜드
공감 실패가 남긴 기억

미국 올랜도의 카리브 로열 올랜드Caribe Royale Orlando에서 머물던 어느 날 새벽, 화장실에서 작은 바퀴벌레가 기어가는 모습을 보고 기겁을 했다. 하지만 잠든 가족들을 깨우지 않기 위해 조용히 침대로 돌아와 잠을 청해야 했다. 그날 밤, 잡지 못하고 눈앞에 사라진 바퀴벌레가 어디를 돌아다니고 있을지 모른다고 생각하니 심란해서 잠을 이루지 못한 채 계속 뒤척였다.

그곳은 4성급의 규모가 매우 큰 리조트 호텔이었음에도 불구하고 위생상태가 좋지 않았다. 심지어 아들이 쇼파 뒤에서 누군가의 속옷을 발견하면서 또 한 번 경악하게 했다.

사실 내가 더 불쾌했던 점은 체크아웃할 때 직원의 태도였다. 지내는 동안 불편한 점이 없었냐고 물어보길래 좋지 않은 경험에 대한 얘기를 해주었더니, 전혀 미안한 표정 없이 24시간 프런트데스크는 열려 있으니 그럴 땐 앞으로 바로 전화하면 된다면서 오히려 왜 전화를 하지 않았냐고 당당하게 얘기하는 것이다.

새벽에 가족들을 다 깨우고 전화를 했어야 하냐고 되묻고 싶었지만, 오래전 아이폰의 시리Siri와 나눴던 대화 내용이 떠오르면서 괜한 웃음이 나 그만두었다. "졸립다"는 내 말에 시리는 "죄송하지만 여기는 저어어언혀 졸리지 않아요."라며 공감을 해주지 않았다. 서비스 실패보다 더 좋지 않은 것은 공감이 부족한 직원의 반응이다.

노벨 경제학상을 받은 행동경제학자인 다니엘 카너먼Daniel Kahneman 은 그의 동료들과 유쾌하지 않은 경험에 대한 인간의 기억이 어떻게 형성될 수 있는지를 보여주는 흥미로운 실험을 했다. 그들은 두 가지 서로 다른 조건의 불편한 상황을 만들었다. 첫 번째는 60초 동안 14도의 차가운 물에 손을 담그는 것, 두 번째는 60초 동안 14도의 차가운 물에 손을 담근 후 추가적으로 30초 동안 15도의 약간 따뜻하긴 하지만 여전히 차가운 물에 손을 담그는 것이다.

그리고 실험 참가자들에게 질문했다. 똑같은 경험을 다시 한 번 더 한다면 당신은 어떤 상황을 선택할 것인가. 상식적으로 생각해 보면 90초 동안 불쾌한 경험이 지속된 두 번째 상황보다 60초의 짧은 시간 동안 불쾌한 경험을 한 첫 번째 상황을 선택할 가능성이 높을 것 같다. 하지만 결과는 반대였다. 더 많은 사람들이 두 번째 상황을 선택했다.

처음 60초 동안은 똑같이 불쾌한 경험을 했지만, 마지막 30초에 조금 더 긍정적인 경험을 한 두 번째 상황을 선택한 것이다. 이는 마지막 순간의 경험이 전체 경험의 합보다도 더 중요할 수 있음을 보여준다.

흔히 소비자의 만족도를 정의하는 수식은 '100-1=99'가 아닌 '100-1=0'이라고 한다. 100개의 만족 요소가 있어도 단 하나의 불만족 요소가 존재할 경우 전체 경험의 만족도는 매우 낮아질 수 있다. 이때 불만족 요소가 만약 '절정과 마지막 순간'에 발생한다면 우리 브랜드가 다시는 보고 싶지 않은 헤어진 연인처럼 소비자에게 기억될 가능성이 있다. 소비자는 서비스 실패의 경험 그 자체보다도 실패의 결과로 느끼게 된 감정을 더 깊이 기억할지도 모른다.

직원이 행복해야
고객의 마음이 편하다

멕시코 _ 파라디수스호텔

모두 갖춰진 가운데 느낀 허망함

나는 2019년 11월, 멕시코 칸쿤에서 2시간 정도 떨어진 치첸이사Chichen Itza라는 마야 문명 유적지로 향하던 길에 가이드로부터 소지품 분실에 각별히 유의하라는 당부를 들었다. 심지어 호텔에서도 금고 안에 중요한 물품을 잘 보관해 두지 않으면 도난 사고가 자주 일어난다고 했다.

지금은 비수기라 호텔들이 임시직 직원들을 대거 정리해고하는 기간이고, 따라서 직원들 중에는 어차피 오늘 해고당할지, 내일 해고당할지 모르는데 그 전에 한몫 챙겨야겠다고 생각하는 경우가 적지 않다고 했다. 비수기에 손님이 없어 서비스 수준이 더 높을 줄 알았는데 오히려 그 반대라니 씁쓸했다.

비수기의 경제가 어려워서인지 칸쿤 국제공항에서도 관광객들을 교묘한 방법으로 속이려고 접근하는 장사치들이 적지 않았다. 공항에서 호텔로 가는 교통편을 익스피디아Expedia에서 예약하고 온 줄을 어떻게 알았는지 우리에게 접근해 자신을 익스피디아 예약 고객을 안내하는 사람이라고 소개하는 이도 있었다. 확실하냐고 의심스런 표정으로 물었더니 자신의 옷에 적혀 있는 '인포메이션Information'이라는 글자를 가리키며 자신이 안내를 맡은 사람이니 믿고 따라오라고 했다.

나와 일행은 마침내 컴퓨터 앞에 앉아 있는 한 남자에게 안내되었고, 이제 자기가 도와줄테니 어느 호텔로 가는지 얘기해 달라고 했다. '이상한데…. 예약을 하고 왔는데 왜 호텔을 다시 물어보지?'

이런 생각을 하며 내 이름이 리스트에 있는지 확인해 달라고 했지만, 그는 그건 중요하지 않고 지금 가야 하는 목적지만 얘기하면 된다고 했다. 뭔가 수상하다고 생각한 우리는 그 남자의 제안을 거절하고 공항 게이트를 빠져나왔는데, 그제야 내 이름이 적힌 리스트를 가지고 우리를 기다리는 안내원이 나타났다.

나중에 안 사실이지만, 관광객을 속여 예약하지 않은 다른 차로 호텔까지 데려다준 후 요금을 내라고 요구하는 사기가 드물지 않다고 했다. 이 한 번의 경험으로 칸쿤의 부정적 이미지가 강하게 각인되었고 가는 곳마다 경계의 마음을 늦출 수 없었다.

이런 이유로 보통 칸쿤을 방문하는 관광객들은 모든 식음료와 놀이

시설이 다 포함된 호텔 '올 인클루시브 호텔All-inclusive Hotel'을 주로 이용한다. 체크인을 할 때 호텔 내 모든 부대시설을 자유롭게 이용할 수 있도록 팔찌를 손목에 채워 주는데, 마치 놀이동산 자유이용권과 같은 형태다.*

우리가 묵은 파라디수스호텔Paradisus by Melia Cancun에서도 팔찌만 있으면 호텔 내에 있는 이탈리안, 멕시칸, 프렌치, 재팬 레스토랑뿐 아니라 야외 수영장에 있는 칵테일바까지 모두 추가 요금 없이 무료로 이용이 가능했다. 저녁식사 시간에 맞춰 빌딩의 각 층 테라스에 가수가 한 명씩 서서 노래를 불러주던 장면, 마술 쇼를 포함해 매일 바뀌는 공연들은 아직도 기억에 생생하다.

물론 서비스 만족도에 따라 약간의 팁을 줘야 하지만 호텔에 들어가면 아무것도 신경 쓰지 않고 온전히 카리브해의 멋진 풍경을 즐길 수 있다는 점이 마음에 들었다. 특히 이런 저런 거래를 하고 계산을 하는 과정에서 사기를 당하지 않으려 긴장하지 않아도 된다는 점이 좋았다.

뿐만 아니라 대부분의 호텔들은 아이를 맡겨 둘 수 있는 키즈존Kids Zone에서 하루 종일 다양한 프로그램들을 운영하고 있고 뷔페 레스토랑

---

* 팔찌는 분실 시 미화 100달러 이상을 벌금으로 부과하기에 일반적으로 투숙객은 불편하더라도 한 번 채워진 팔찌를 항상 휴대할 수밖에 없다. 또한 가이드를 동반한 여행지를 다녀올 때 관광객들이 대부분 자신이 묵는 호텔의 팔찌를 차고 있어 기능적 의미뿐 아니라 상징적 의미를 가지기도 한다.

올 인클루시브 호텔로 유명한 '파라디수스호텔'

저녁 식사시간 각층 테라스에서 열리는
가수 공연

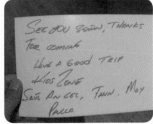

키즈존 웃음 인증서와 직원의 메시지

올 인클루시브 팔찌와 체크아웃 패스

에 데려가 점심식사까지 챙겨 주기 때문에 부모들이 편하게 자유를 만 끽할 수 있다. 우리 아들도 집에서는 금지령이 내려진 컴퓨터 게임을 마 음대로 할 수 있는 데다가 보물 찾기, 물총 싸움 등 여러 프로그램을 즐 길 수 있는 키즈존의 매력에 빠져 아침에 눈 뜨면 바로 키즈존에 데려다 달라고 야단이었다.

호텔을 떠나는 날, 키즈존 직원들에게 그동안 아이를 돌봐 줘서 고마 웠다고 인사를 하니 '웃음 인증서Smile Certificate'라 적힌 카드를 선물로 주었다. 카드에는 아들의 이름과 함께 즐거운 여행이 되길 바란다는 메 시지가 있었고 키즈존에서 일하는 직원들의 이름이 모두 적혀 있었다. 그리고는 키즈존이 만족스러웠으면 꼭 여행 후기나 체크아웃할 때 자 신들의 이름을 얘기해 달라고 부탁했다.

가이드에게 들은 말이 있어서인지 그들이 호텔에서 정리해고를 당 하지 않기 위해 우리에게 이런 부탁을 하는 건 아닌가, 안쓰럽게 느껴졌 다. 레스토랑에서 향신료가 입에 맞지 않은 음식을 남길 때에도 '곧 해 고될지 모르는 직원들은 평소 잘 먹지도 못하는 음식일 텐데' 하는 생각 이 들어 마음이 불편했다. 아무것도 신경 쓰지 않아도 된다는 올 인클루 시브 호텔에서 여러 가지 잡념들이 떠올라 고민하는 내 모습에 조금은 허망하기도 한 순간이었다.

인도 _ 하얏트 센트릭 MG 로드 방갈로르
친절한 직원이 불편해진 이유

2014년 2월, 해외 컨퍼런스에 참여하기 위해 인도를 대표하는 IT 도시 방갈로르Bangalore에 출장을 간 적이 있다. 그곳은 인도 최대 IT 도시라는 명성에 걸맞지 않게 차도에는 소들이 유유히 걸어다니고 거리에는 지린 냄새가 진동을 했다. 구걸하는 빈민들도 적지 않았다. 그들을 보며 '아직도 신분 제도인 카스트 제도가 존재하고, 그래서 빈부격차가 심해 이렇게 거리에 빈민들이 많은 것일까' 하는 생각에 안타까움을 금할 수 없었다.

내가 며칠 동안 묵은 곳은 컨퍼런스가 열리는 고급 호텔인 '하얏트 센트릭 MG 로드 방갈로르Hyatt Centric Mg Road Bangalore'였다. 하지만 고급 호텔이란 표현이 무색하게 택시보다 3배나 높은 가격으로 호텔에 미리 신청한 공항 픽업 리무진 차량은 두 사람의 짐도 넣을 공간이 모자랄 만큼 소형이었다. 또한 체크인을 할 때 아무런 안내도 없이 장애인 전용 방을 배정해 낯선 인테리어에 한참을 갸우뚱해야 했다.

더 놀라운 것은 같은 비용을 내고 함께 컨퍼런스에 참석한 사람들 중 일부에게만 와이파이 요금을 부과하는 것처럼 고급 호텔에서는 흔히 예상하기 힘든 표준화되지 않은 서비스였다. 처음에는 인도라는 내가 잘 알지 못하는 나라의 문화적 특성이라고 생각하고 어느 정도 이해를 하려고 노력했다. 하지만 시간이 지나면서 조금씩 지쳐 갔다.

특히 호텔에서 제공하는 뷔페 음식이 모두 현지식이라 인도 음식을 평소에 잘 먹는 편인 나도 힘겨울 정도였다. 그래서 하루는 저녁을 외부 레스토랑에서 먹기 위해 프런트데스크 직원에게 외국인들이 좋아할 만한 음식점을 추천해 달라고 부탁했다.

검정색 슈트를 입은 직원은 환한 미소로 지도를 꺼내 추천 맛집을 쉽게 찾을 수 있도록 자세히 길을 안내해 주었다. 그런데 내 눈은 지도를 가리키는 직원의 손이 아닌, 정장 소매 아래로 삐져나온 구멍 뚫린 흰색 셔츠 소매에 고정되었다.

순간 '고급 호텔 직원인데 왜 이렇게 낡은 셔츠를 입고 있을까. 빈민 계층에 속하는 사람일까'라는 생각이 들었다. 호텔에서 제공한 말끔한 슈트 아래로 보이는 직원의 헤진 셔츠는 고맙다는 인사를 남기고 돌아서는 내 발걸음을 무겁게 했다.

호텔과 같이 사람의 역할이 특히 중요한 서비스 기업들은 고객 접점 직원이 자부심을 가질 수 있도록 충분한 처우를 보장하고 지속적인 교육을 할 필요가 있다. 그래야 직원의 공감 능력이 증가하고 고객에게 기대 이상의 서비스를 제공하기 위한 자발적인 노력을 하게 된다. 직원의 고용이 안정되고 행복해야 고객의 마음도 편하고 서비스의 가치를 온전히 누릴 수 있다.

호텔은 오감을 충족시키는
브랜딩의 끝판왕

아랍에미리트 _ 아르마니호텔

패션 브랜드가 호텔로 확장한다면

2018년 2월, 아랍에미리트의 두바이Dubai 여행을 준비하던 나는 숙소를 어디로 정할지 고민이 많았다. 중동 방문이 처음이었고 오일 머니로 부유한 도시로의 여행이란 점을 감안하여 럭셔리한 숙소에서 머물고 싶단 생각도 들었다.

우선 호텔 예약 앱을 통해 5성급 이상의 호텔들을 조사하기 시작했다. 크게 글로벌 체인 브랜드들과 현지 기업의 브랜드들로 나눠볼 수 있었는데, 전자의 경우 다른 도시에서도 경험할 수 있다는 생각에 현지 기업이 운영하는 호텔 브랜드를 중심으로 유심히 살폈다.

먼저 한 호텔이 눈에 들어왔다. 바로 '버즈 알 아랍Burj Al Arab'이다. 주

메이라Jumeirah 해안에 있는 세계에서 가장 비싼 호텔 중 하나인 이곳은
하루 숙박료가 100만 원이 훌쩍 넘는 7성급 호텔이다. 인공 섬 위에 아
라비아의 전통 목선인 다우Dhow의 돛 모양을 형상화하여 만들어진 것
으로도 유명하다.

개인적으로는 비싼 돈을 들여서라도 한 번쯤 경험해 보고 싶었다. 하
지만 숙박료가 지나치게 비싸다는 아내의 의견을 존중해 차선의 호텔
을 찾기로 했다. 다행히도 현지 기업이 운영하는 5성급의 호텔들은 숙
박료가 크게 비싸지 않았다. 그러던 중 우연히 두바이에 가면 꼭 묵어야
할 곳으로 '아르마니호텔Armani Hotel Dubai'을 소개하는 여행 블로그를 보
게 되었다.

아르마니호텔은 전 세계에 두 개가 있는데 하나는 이탈리아 밀라노
에 있고 다른 하나가 바로 두바이에 있었다. 숙박료도 버즈 알 아랍의
반값이어서 큰 마음을 먹고 이틀을 예약했다.

1999년 처음 브랜드 공부를 시작했을 때 교수님께서 하신 말씀이 떠
올랐다. 유럽 브랜드들에 관한 사례를 들며 "패션 브랜드인 아르마니는
패션 이외 다른 사업은 하지 않는다. 자신의 전문성에 집중하는 것이 중
요하다. 이에 비해 한국의 대기업들은 문어발식 브랜드 확장이 너무 많
은데 이는 잘못된 브랜드 전략이다"라고 하셨다.

20년이 지난 지금 시점에서 보면 교수님의 말씀은 '그때는 옳았지만
지금은 틀렸다'. 아르마니는 패션衣에서 시작해 레스토랑과 호텔 레지

던스 사업으로 성공적인 브랜드 확장을 진행했다. 패션 브랜드의 전문성에 집중하지 않고 먹거리食와 숙박住 사업까지로 영역을 넓힘으로써 오히려 브랜드 가치를 강화한 것이다.

이러한 아르마니의 확장 전략의 핵심은 브랜드의 콘셉트이다. 아르마니다움을 유지하면서 다른 분야로 사업 확장을 시도했기에 성공할 수 있었다.

두바이 공항에 도착 후 리무진을 타고 호텔에 도착했다. 들어가는 입구부터 보안이 철저했다. 이 호텔은 세계에서 가장 높은 빌딩인 부르즈 칼리파Burj Khalifa 안에 있었는데 건물 바로 밑에서 위를 쳐다보니 입이 떡 하니 벌어졌다. 건물이 주는 웅장한 느낌이 호텔에 대한 호감도를 높였다.

체크인을 하며 직원들의 복장에 자연스럽게 눈이 갔다. 아르마니 정장과 패션이 돋보였다. 체크인이 끝나고 매니저가 우리를 방으로 안내했다. 엘리베이터 및 비즈니스 라운지, 레스토랑 이용 방법 등에 대해 설명해 주고 부르즈 칼리파 및 두바이몰로 가는 방법 등에 대해서도 자세히 말해 주었다.

우리가 머물 층에 도착하자 매니저는 뜬금없이 복도에 대해 설명하기 시작했다. 그리고는 아르마니가 매우 신경을 써서 만든 곳인데 무엇이 연상되느냐고 물었다. 그냥 멋지다고만 얘기하자 그는 다소 실망한 표정으로 이 복도가 패션쇼의 '런웨이Runway'를 모티브로 완성되었다고 말했다. 고객들이 자신의 룸으로 들어갈 때 마치 패션쇼의 주인공인 것처럼 느끼기를 바랐기 때문이라는 것이다. 호텔 사업으로 확장한 패션 브랜드가 기존 호텔들과 어떻게 차별화할 수 있는지 느낀 순간이었다.

　시각적 차별화 요인은 이것으로 끝난 게 아니었다. 방에 들어서자 매니저는 창문을 바라보며 설명하기 시작했다. 이 방 안에서는 세계 3대 분수쇼 중 하나인 두바이 분수쇼를 볼 수 있다고 했다. 그리고 쇼는 1시간마다 15분가량 진행되며 낮에도 멋지지만 밤에는 훨씬 더 멋지다고 덧붙였다.

　그는 분수쇼에 대한 설명과 함께 방에 비치된 아이패드의 작동을 시연했다. 전등과 TV를 컨트롤할 수 있을 뿐 아니라 밖에서 진행되는 분수쇼의 음악을 방 안에서 들을 수 있다고 했다. 밤에 높은 곳에서 아름다운 분수쇼를 편하게 볼 수 있다고 생각하니 벌써부터 무척이나 설레기 시작했다.

　아르마니는 패션 브랜드로서 침구류를 비롯해 다양한 생활용품으로 카테고리 확장했는데, 호텔에 비치된 어메니티Amenity를 통해 그 가치를 분명히 느낄 수 있었다. 먼저 아르마니가 디자인에 각별한 신경을 썼다는 비누는 아르마니의 아이덴티티를 상징하는 조각돌 모양을 하고 있었다. 여성들도 한손에 잡기 편할 정도의 적당한 크기여서 여성 고객에 대한 섬세한 배려도 느낄 수 있었다.

　샴푸, 바디로션 등 다른 어메니티에도 뚜껑에 모두 조각돌 모양이 새

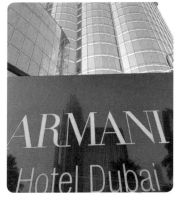

'아르마니'의
아이덴티티가 돋보이는
호텔 인테리어와
어메니티

겨져 있어 아르마니의 아이덴티티를 확인할 수 있었다. 슬리퍼의 경우
다른 호텔들과 달리 발에 걸치는 정도의 느낌이 아니라 제대로 신을 수
있게 디자인되어 특별한 촉감을 전달했다.

방 안 냉장고에는 음료가 가득 차 있었는데 매니저는 모두 무료이며
부족하면 채워 준다고 말했다. 상상만으로도 입이 즐거워졌다. 매니저
가 방에 대한 설명을 마치고 돌아간 후 약 10분이 지나자 누군가 찾아

와 벨을 눌렀다. 웰컴 디저트를 가져온 것이다. 컬러풀한 디저트에 이번에는 눈과 입이 동시에 즐거웠다.

드디어 밤이 되고 분수쇼가 시작되었다. 아이패드를 통해 음악을 틀자 눈과 귀가 호강을 했다. 시각적 요소 하나일 때보다 청각적 요소가 더해졌을 때 더 큰 즐거움을 줄 수 있음을 새삼 깨달았다.

다음날 레스토랑에서 조식을 먹고 로비를 거닐다 아르마니 향수를 파는 곳을 발견했다. 투숙객의 경우 시향은 물론 구매도 가능했다. 방에서 사용한 바디샴푸와 바디로션의 향에 대해 물어보니 유사한 향수를 소개해 줬다. 코가 즐거웠다.

아르마니호텔에서는 오감을 모두 경험할 수 있었지만 특히 기억, 연상, 상상을 불러일으키는 후각적 자극들이 매우 인상적이었다. 캐나다의 신경과학자인 레이첼 사라 헤르츠Rachel Sarah Herz의 연구 결과에 따르면 후각적 자극이 기억을 불러오는 힘은 시각이나 청각적 자극보다 강하다. 또한 후각으로 생성된 기억은 매우 생생하고 강한 정서적 반응을 유발한다.

아르마니호텔에서 경험한 후각적 경험들에 다른 다양한 감각적 경험들이 더해지면서 아르마니는 오랫동안 내 기억 속에 좋은 브랜드로 각인될 수 있었다. 단언컨대 아르마니호텔은 패션 브랜드가 호텔로 확장하는 것이 왜 필요한가에 대한 명확한 이유를 말해주었으며 기존에 하지 못한 새로운 경험을 하게 함으로써 여행에 큰 행복감을 선사했다.

헤리티지보다
공감능력이 더 기억에 남는다

터키 _ 페라팰리스호텔

치유가 담긴 도시락 박스

나는 2020년 2월, 터키 이스탄불Istanbul로의 여행을 계획하면서 숙소를
알아보던 중 '페라팰리스Pera Palace'라는 유서 깊은 호텔에 대해 알게
되었다. 두바이의 7성급 호텔 버즈 알 아랍의 소유주인 주메이라 그룹
이 소유한 호텔로 비행기가 없던 19세기, 오리엔트 특급 열차를 타고 이
스탄불에 온 유럽 상류층이 머물던 공간을 재현한 복고풍 인테리어가
매력적이었다. 반짝이는 샹들리에Chandelier, 자개가 박힌 오스만Osman
스타일의 탁자와 장식장, 큼직한 그랜드 피아노에서 당시 귀족들의 취
향이 묻어났다.

　영국의 추리 소설가 아가사 크리스티Agatha Christie의 대표작 '오리

엔트 특급 살인 사건'의 배경이기 되기도 한 이 호텔은 작가들이 사랑한 호텔 순위 5위 안에 든다고 한다. 실제로 어니스트 헤밍웨이Ernest Hemingway가 이 호텔에 머물렀으며 여배우 그레타 가르보Greta Garbo, 알프레드 히치콕Alfred Hitchcock 감독, 스파이로 유명한 마타하리Mata Hari 등도 이용한 호텔로 알려져 있다. 이처럼 유명한 사람들이 묵었던 방은 그들의 이름을 붙여 '○○○ 스위트룸'으로 명명하였는데, 호텔 예약 시 원하는 위인의 방을 예약할 수도 있다.

이스탄불 공항에 도착해서 리무진을 타고 탁심Taksim 광장으로 이동했다. 광장에서 호텔까지는 거리가 멀지 않아 택시로 이동하려고 했는데 유독 탁심 광장 근처에서의 택시 요금 바가지가 심했다. 이스탄불은 우버가 허용되지 않는 곳인 데다 무거운 짐을 실어야 했기에 나는 울며 겨자 먹기로 택시를 이용할 수밖에 없었다.

마침내 페라팰리스호텔에 도착해 체크인을 한 후 벨보이Bellboy에게 캐리어를 맡기자 매니저가 나와 일행을 방으로 안내해 주었다. 분명 오른쪽에 엘리베이터가 있는 것을 확인했는데 매니저는 왼쪽으로 안내했다. 호텔의 상징물인 128년 된 엘리베이터를 보여주려 한 것이다. 안내문에는 파리의 에펠탑이 만들어진 지 3년 후에 설치된 엘리베이터이며 나무와 주철Cast Iron로 만든 터키 최초의 엘리베이터라고 적혀 있었다.

흥미롭게도 엘리베이터의 문은 열쇠로 직접 열어야 했다. 안으로 들어가니 나무로 된 의자가 있었는데 매니저가 앉아도 된다고 했다. 방이

헤리티지와 공감 능력이 돋보인 '페라팰리스호텔'

호텔의 상징인 유서 깊은 엘리베이터와
역사를 설명하는 안내문

히치콕 스위트룸 푯말

호텔 조식 대신 챙겨준 도시락 박스

위치한 6층으로 가는 동안 매니저는 호텔의 역사와 함께 엘리베이터의 역사까지 자세히 설명해 주었다. 처음 투숙하는 고객 중 4층 이상의 룸에 머무는 고객들에게만 이 오래된 엘리베이터를 경험하게 해준다고 했다. 페라팰리스만의 헤리티지를 느끼는 순간이었다.

덜컹거리며 올라가는 엘리베이터에서 그 옛날 유명인들도 이 엘리베이터를 이용했을 거라는 데 생각이 미쳤다. 그들이 이용했던 엘리베이터를 지금 내가 이용하고 있다는 상상만으로도 기분이 좋아졌다. 물론 여유가 있어서 그들이 묵은 방을 예약했더라면 더 좋았을 것이다. 언젠가 다시 페라팰리스호텔에 묵을 일이 생긴다면 그때는 헤밍웨이 스위트룸을 예약해야겠다고 다짐했다.

오래된 겉모습과는 달리 방 안은 리모델링을 해서인지 매우 깔끔했다. 운 좋게 발코니 룸을 배정받은 덕분에 바깥 공기를 느끼며 보스포러스 해협의 멋진 야경도 바라볼 수 있었다.

다음날 조식을 먹으러 간 레스토랑에는 다양한 음식들이 준비되어 있었다. 음식은 맛있었고 직원들도 매우 친절했다. 사실 내가 호텔에 머물 당시, 신천지 교도들에 의한 코로나19 확산 소식이 알려지면서 한국의 이미지가 좋지 않았다. TV를 틀면 CNN, BBC 등 어느 채널에서도 계속해서 한국의 코로나19 사태를 보도하고 있었다. 어디를 가나 마음이 불편했고 때로는 유럽인들의 따가운 시선도 느껴졌다. 조식을 먹으러 가서도 구석 자리를 선호하게 되었다.

마지막 날에는 호텔 조식을 먹을 시간적 여유가 없었다. 부다페스트로 가는 비행 시간이 오전 8시여서 오전 5시에는 체크아웃을 해야 했기 때문이다. 패스트리와 샌드위치를 비롯한 각종 빵들이 특히 맛있었는데 먹지 못하고 떠나야 한다고 생각하니 아쉬웠다.

떠나기 전날 아침, 식사를 끝낸 후 레스토랑을 나오면서 직원에게 그동안 조식이 너무 맛있었다는 감사 인사를 건넸다. 또 개인적으로 내일 오전 일찍 체크아웃을 해야 해서 조식을 못 먹게 되어 아쉽다고 말했다. 그러자 직원은 몇 시에 체크아웃을 할 예정이냐고 물었다. 시간을 알려주자 예상치 못한 답이 돌아왔다.

그는 우리 일행을 위해 도시락 박스를 준비해 줄 테니 체크아웃 시 카운터에 얘기해서 받아가라고 했다. 정말 그렇게 해도 되냐고 두 번이나 물어보곤 감사의 표시를 했다.

사실 그동안 다른 호텔에서 조식을 예약해 놓고도 오전에 이른 비행 시간 때문에 먹지 못한 적이 꽤 있었다. 물론 비행 시간은 내가 정한 것이기에 호텔은 아무런 잘못이 없지만 그래도 한편으로는 늘 아쉬움이 남았다. 그런데 페라팰리스호텔은 고객이 감당해야 할 그런 당연한 아쉬움을 그냥 지나치지 않았다. 뛰어난 공감 능력을 가지고 고객의 문제를 적극적으로 해결해 주려는 자세를 보였다.

코로나19 사태로 인해 움츠러든 동양인 투숙객에게 마지막으로 호텔이 건네준 도시락 박스는 그야말로 만족을 넘어 행복감을 주었다. 그

안에 담긴 패스트리와 각종 빵들을 보며 페라팰리스호텔의 진정한 가치는 헤리티지가 아닌 고객에 대한 공감 능력이라는 생각이 들었다. 그리고 그 공감 능력은 누군가의 상처를 치유해 줄 수도 있다는 것을 새삼 깨달을 수 있었다.

Play

PART 3

놀다

건축물과 조형물,
볼거리를 제공하다

싱가포르·호주 _ 에스플러네이드·시드니 오페라하우스

동남아 대표 과일 두리안의 건물화

나는 2009년 2월, 인시아드INSEAD 경영대학원 싱가포르 캠퍼스에 'Executive Education' 단기 마케팅 과정을 수강하러 갔다. 싱가포르는 섬으로 이루어진 도시 국가다. 국토 면적은 7만 1900ha에 불과하며 이는 세계 190위에 해당한다. 3일 정도만 머물러도 나라의 중요한 곳은 다 돌아볼 수 있을 정도로 작은 나라이다.

그래서 수업이 끝난 저녁시간과 주말을 이용해 틈틈이 싱가포르의 주요 지역을 돌아다녔다. 한낮에는 기온이 보통 32~33도까지 올라 주로 늦은 오후에 도시 여행을 즐겼다. 당시 싱가포르의 대표 조형물인 머라이언Merlion 상에서 맞은편을 바라보면, 현재 싱가포르의 랜드마크가 된 마리나 베이 샌즈Marina Bay Sands 호텔이 한창 지어지고 있었다.

이 호텔이 완성되기 전 싱가포르를 대표하는 건축물은 에스플러네이드Esplanade였다. 이곳은 복합문화공간으로서 약 2000명을 수용할 수있는 오페라 극장과 콘서트홀, 갤러리 등을 갖추고 있다. 건물 외관은 열대과일의 황제라 불리는 두리안Durian을 닮았다. 개인적으로 동남아 여행을 가서 꼭 먹는 과일이 바로 두리안이다. 냄새를 극복하지 못하면 먹을 수 없다는 이 과일을 3번의 도전 끝에 먹는 순간 그 단맛의 매혹에 빠져버렸다.

일부 국가에서는 두리안을 공공장소, 특히 버스나 지하철 등에 가지고 탈 수 없도록 제재하고 있으며 일부 호텔에서도 반입을 금지한다. 그래서 나는 두리안을 파는 곳이 있다면 그 자리에서 먹는 편이다. 한편으로 두리안에는 몸을 차게 해주는 성분이 있어 날이 더운 동남아 사람들에게 필요한 과일 중에 하나라고 한다.

이처럼 매력적이지만 접근하기 힘든 특징을 지닌 과일을 모티브로 형상화한 건축물이 에스플러네이드이다. 싱가포르의 DP아키텍츠와 영국의 마이클 윌포드 & 파트너스의 협업으로 2002년에 완공된 이 건물의 뾰쪽한 가시는 최첨단 금속으로 만들어져 햇빛 가리개 역할을 한다. 무려 7000여 개의 가시가 타원형 돔Dome을 덮고 있다.

하나가 아닌 두 개의 타원형 돔이 마주하고 있다는 점도 도시의 랜드마크로서 관광객들의 시선을 잡기에 충분하다. 에스플러네이드는 지역

동남아 대표 과일 두리안을 형상화한
'에스플러네이드'의 타원형 돔

　의 특색을 잘 표현하는 건축물이 도시의 랜드마크로서 역할을 할 수 있음을 잘 보여주고 있다.

　도시 또는 나라를 대표하는 건축물로 호주 시드니Sydney의 '오페라하우스Opera House'도 빼놓을 수 없다. 나는 시드니에서 생활할 당시, 주말이 되면 오페라하우스를 찾았다. 딱히 공연을 보기 위해서가 아니라 오페라하우스 근처의 카페에 앉아 커피 한 잔의 여유를 즐기기 위해서였다. 이곳에서 바라보는 하버브리지Harbor Bridge와 바다 뷰는 언제나 아

도시의 랜드마크가 된 독특한 디자인의 '시드니 오페라하우스'

름다웠다. 가볍게 뒤만 돌아보아도 죽기 전에 꼭 봐야 한다는 시드니 오페라하우스가 펼쳐져 있는 것이 신기할 따름이었다.

호주 시드니의 랜드마크인 오페라하우스에는 해마다 수많은 관광객들이 몰려든다. 바다 위에 떠 있는 듯 아름답고 우아한 외양의 이 건축물은 호주를 대표하는 종합 극장으로서 문화적 가치를 인정받아 2007년 세계문화유산으로 선정되었다.

오페라하우스는 1957년 국제 콩쿠르에서 덴마크 출신의 건축가 요른 옷손Jorn Utzon의 작품으로 탄생하게 되었다. 그는 아침식사를 하기 위해 오렌지 껍질을 벗기는 과정에서 이 조개껍데기 모양의 획기적인 디자인을 구현하는 데 영감을 얻었다고 한다.

그리고 1959년에 오페라하우스의 착공을 시작해 14년 만인 1973년에 완공했는데, 지금은 시드니뿐 아니라 호주 전체를 대표하는 랜드마크가 되었다. 독특한 건축물은 관광객들을 끌어들이며 도시 및 국가 브랜드를 알리는 중요한 역할을 한다.

카타르 _ 이슬람예술박물관
역사와 문화를 품은 건축

국내의 경우 서울에 있는 '예술의전당'이 개관 당시 독특한 외관으로 화제가 되었다. 대형 복합문화공간으로 만들어진 예술의전당은 공연, 전시, 놀이, 연구, 교육, 자료 등 6가지 요소를 다양한 예술 장르로 연결해 각각의 전문 공간에서 독자성과 연계성을 유지하도록 구성되어 있다.

예술의전당 정문에서 보이는 큰 건물은 우리 전통 복식의 하나인 '갓'을 모티브로 만들어졌다. 그러나 이처럼 독특한 외관을 대대적으로 홍보했음에도 불구하고 대중들에게 긍정적인 반응을 얻지는 못했다. 2013년 동아일보와 건축 전문 잡지 스페이스SPACE가 건축가 100명을 대상으로 조사한 결과, 해방 이후 최악의 건물들 중에서 서울시청에 이어 예술의전당이 2위를 차지하기도 했다.

이는 우리의 전통과 관련 있는 사물들을 건축 디자인에 적용하는 데 급급한 나머지, 대중이 쉽게 공감하지 못하는 형태로 지어 버린 탓이 아닐까 싶다. 지역 주민들에게 인정받지 못하는 건축물은 해외 관광객들에게도 외면받을 수 있다. 시드니 오페라하우스처럼 도시의 랜드마크로 자리매김하려면 대중에게 호응을 얻을 수 있는 건축물이 되어야 한다.

이런 측면에서 내가 2019년과 2020년, 2년에 걸쳐 두 차례 방문한 카타르의 수도 도하Doha의 '이슬람예술박물관Museum of Islamic Art'은 브랜드 경험 측면에서 생각해 볼 가치가 있다.

카타르는 아라비아 반도의 동부 페르시아만에 위치한 국가로, 면적이 적고 인구도 80만 명의 작은 나라이지만 152억 배럴의 원유 매장량을 자랑하는 자원 부국이자 세계 최상위권에 속하는 경제 부국이다. 처음 카타르를 방문했을 때 들렀던 곳이 바로 도하의 이슬람예술박물관이다. 2008년 12월 공식적으로 문을 연 이곳의 건설에는 프랑스 루브르 박물관의 유리 피라미드를 설계한 중국계 영국인 건축가 이오 밍 페이Ieoh Ming Pei가 참여했다.

이오 밍 페이는 건축계의 최고 영예라는 프리츠커상Pritzker Prize을 1983년에 수상하였고 모더니즘 건축의 마지막 주자라는 평을 받았다. 그는 91세의 나이에 이 건축물을 구상하기 위해 무슬림 건축과 역사에 대해 배우고 이슬람 교과서를 읽었으며 6개월 동안 디자인에 영감을 얻기 위해 이슬람 전역을 여행했다고 한다.

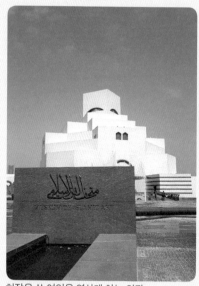

히잡을 쓴 여인을 연상케 하는 외관

이오 밍 페이의 기하학적 건축 디자인

역사와 전통이 조화된 '이슬람예술박물관'

5성급 호텔 같은 로비 카페

그의 이러한 노력은 아랍의 전통 의상인 히잡Hijab을 쓴 여인의 모습을 형상화한 건물 외관에도 잘 드러나 있다. 이 건물을 실제로 보았을 때 나는 그 디테일에 입이 다물어지지 않았다.

실내에 들어서면 탁 트인 공간과 화려한 구조가 시선을 사로잡았다. 마치 5성급 호텔의 로비에 온 것 같은 느낌이 들었다. 선명하고 기하학적인 형태의 디자인을 지향해 온 건축가의 성향이 잘 반영되어 있었다.

박물관에는 7세기부터 19세기까지 금속 세공, 도자기, 보석, 목재 세공, 섬유 및 유리 공예 등 이슬람 예술을 대표하는 다양한 작품들이 전시되어 있는데, 고층에서 시작해 저층으로 내려오면서 관람하는 것이 효율적이었다. 게다가 고층에서 1층을 바라보니 커다란 유리창으로 비치는 햇살과 바다의 경치가 이곳에 와야 할 이유를 말해주었다.

전시관을 돌아본 후 1층 로비 카페로 향했다. 이 카페에는 눈에 들어오는 선반이 하나 있었다. 선반 위에는 각종 신선한 과일 주스와 샐러드, 요거트 등이 놓여 있었는데 선반의 투명한 아크릴 소재가 음식들을 더 신선하게 보이도록 했다. 시각적 효과의 중요성을 다시 한번 깨닫는 순간이었다.

그리고 카페에서 바다를 바라보며 차 한 잔의 여유를 느끼는 한편으로 중동의 역사와 문화를 이해하고 그것을 건축물로 표현한 것이 관광객들을 이곳으로 인도하는 데 얼마나 중요한 역할을 하고 있는지를 생각해 보았다.

카타르 _ 카타르국립박물관

죽기 전에 꼭 봐야 할 건물

2020년 2월, 다시 도하를 찾았을 때는 처음 방문 시 공사 중이던 카타르
국립박물관National Museum of Qatar이 마침내 오픈을 했다. 나에게 도하를
다시 찾을 이유를 만들어 준 이 건축물은 사막 장미Desert Rose를 모티브
로 리뉴얼했다고 한다. 사막 장미는 모래와 미네랄이 엉켜 장미 모양의
결정체로 굳어지는 경우를 말하는데, 매우 드물게 발생하기 때문에 행
운의 상징으로 알려져 있다.

이 박물관은 프랑스를 대표하는 세계적인 건축가 장 누벨Jean Nouvel
이 설계하고 현대건설의 시공에 의해 완성되었다. 장 누벨은 전통적인
한계를 벗어나 혁신적인 건축을 시도하는 건축계의 거장으로, 2008년
프리츠커상을 수상하였다. 그의 대표적인 프로젝트로는 두바이 루브르
박물관과 서울 한남동 리움미술관 등이 있다.

그는 카타르의 원시적 자연과 바다에 접해 있는 사막 지형의 특성에
서 카타르국립박물관의 아이디어를 얻었다고 했다. 프로젝트가 완성되
기까지 공사 기간만 7년 6개월이 걸린 이곳은 일반 건축물과는 그 모습
이 확연히 달랐다.

먼저 눈에 들어온 것은 곡선으로 이루어진 건물 외관이었다. 316개
에 달하는 원형 판Disk이 뒤섞이고 맞물리며 만들어 낸 독특한 형태는

사막 장미라는 모티브만큼이나 경이로웠다. 도하에 다시 와서 이 건축물을 볼 수 있는 것이 엄청난 행운으로 다가올 정도였다.

입구에 다가가자 마치 우주의 어딘가에 온 듯한 느낌을 받았다. 여러 개의 원형 판이 기하학적으로 연결된 것이 매우 독특해 보였다. 사막 장미의 꽃잎 하나를 완성하는 데는 4개월 이상 소요될 만큼 정교한 기술을 요구하는 작업 덕분이었다고 한다. 또한 세계 최초로 3차원 빌딩 정보 시스템을 건축 전 과정에 도입해 실제 시공 과정에서 발생할 수 있는 문제를 예방한 것으로 알려진다.

건축물 사이 사이에는 카타르의 공공기관들에서 사용하던 올드카Old Car들이 전시되고 있었다. 박물관 내부는 총 12개의 전시장으로 구성되어 있었는데, 전시관마다 카타르의 사막, 바다, 오일과 가스 등 각기 다른 테마를 가지고 있었다. 또한 건물 내벽에는 화려한 영상물들이 상영되고 있었다. 해양 관련 스크린을 볼 때는 마치 수족관에 온 듯한 느낌을 받았다.

한편 카타르국립박물관에서는 한국 건설회사들의 저력을 새삼 느낄 수 있었다. 세계에서 가장 높은 건물인 부르즈 칼리파를 시공한 삼성물산에 이어 죽기 전에 꼭 가봐야 할 이 건축물을 시공한 현대건설이 'K-건축'의 저력을 입증해 준 것 같아 한국인으로서 자부심을 가지게 되었다.

전시관을 관람한 후 기념품 매장에 들렀는데 이곳의 인테리어에 다시 한번 놀랐다. 마치 개미 굴에 온 듯한 느낌이었다. 천장의 높이와

사막 장미를 모티브로 한 외관

경이로움으로 가득한 '카타르국립박물관'

사막과 바다 등을 테마로 한 전시관

빛의 동굴에서 영감을 얻은 기프트숍

미로 같은 동선에 이 기프트숍Gift Shop을 만들기 위해서도 얼마나 심혈을 기울였을까 생각하게 되었다. 나중에 알아보니 카타르의 자연유산 중 하나인 빛의 동굴Cave of Light에서 영감을 얻어 디자인했다고 했다.

개인적으로 미술관이나 박물관에 가면 꼭 들리는 곳이 기프트숍이다. 이곳에 다녀갔다는 증거물을 남기기 위해서인데, 대부분의 기프트숍은 물건을 팔기 위한 공간일 뿐 저만의 독특한 공간을 구성한 곳은 많지 않았다. 우리나라의 국립중앙박물관의 '뮤지엄숍Museum Shop'도 마찬가지였다. 다양한 한국의 전통적인 기념품들을 판매하고 있었지만 공간의 특별함은 느껴지지 않았다.

이에 비해 카타르국립박물관의 기프트숍은 박물관을 더 돋보이게 하는 공간이었다. 내게는 나아가 카타르의 국가 이미지를 긍정적으로 바꾸는 계기도 되었다. 다른 기프트숍들과의 차별성이 명확했다.

국립중앙박물관이 더욱 아쉬운 것은 한국의 전통적 건축 정신을 현대적으로 재해석하여 성곽을 모티브로 만들었다고 하지만, 외관에서는 그런 독특함이 별로 느껴지지 않는다는 사실이다. 한국인들조차 이 건축물이 무엇을 모티브로 만들어진 것인지를 알아채지 못하는데 외국 관광객들에게는 어떻게 보여질까. 박물관의 콘텐츠도 중요하지만 조형물 그 자체가 주는 도시와 국가 이미지 제고 효과도 고민해 봐야 할 것 같다.

네덜란드 _ 아이 엠 스테르담
랜드마크가 된 도시 브랜드 조형물

도시의 랜드마크는 대부분 화려하고 웅장한 건축물들이 많지만 작은
브랜드 조형물 하나가 그에 못지않게 해당 도시를 알리는 충분한 기
능을 하기도 한다. 나는 2014년 3월, 네덜란드의 수도인 암스테르담
Amsterdam 으로 여행을 떠났다.

암스테르담은 12세기경 암스텔강Amstel River 하구에 둑을 쌓아 건설
된 도시로 암스테르담이라는 이름은 '암스텔강의 댐'이라는 기원을 가
지고 있다. 암스텔강에서 1170년과 1173년 두 차례에 걸쳐 홍수가 발
생한 후, 다리와 댐을 건설하면서 마을이 형성되어 발전한 도시가 바로
암스테르담이다. 지금은 네덜란드의 경제와 문화를 대표하는 중심 도
시가 되었다.

암스테르담의 명소로는 1885년에 개관한 암스테르담 국립미술관과
'안네의 일기'의 저자인 안네 프랑크가 가족과 함께 은신했던 안네 프
랑크의 집Anne Frank Huis 등이 있다. 또 하나 유명한 곳이 후기 인상주의
화가인 빈센트 반 고흐Vincent Van Gogh의 작품들이 전시되어 있는 반 고
흐 박물관Van Gogh Museum이다. 1973년 개관한 이 박물관은 반 고흐 재
단Van Gogh Trust으로부터 빌린 수백 점의 그림과 판화를 소장하고 있다.

반 고흐 박물관을 관람한 후 암스테르담 중앙역으로 가던 길에

암스테르담을 대표하는 도시 브랜드 조형물 'I amsterdam'

사람들이 많이 모여 있는 조형물을 발견했다. 바로 '아이 엠 스테르담 I amsterdam' 조형물이었다. 관광객들은 그 조형물 위에 오르거나 조형물을 배경으로 사진을 찍고 있었다.

가장 중요한 도시 브랜드 요소Brand Elements 중 하나가 브랜드 슬로건이다. 브랜드 슬로건은 도시의 특징이나 이상적인 지향점을 반영하고 있다. 뉴욕의 '아이 러브 뉴욕I love New York'이나 덴마크 코펜하겐 Copenhagen의 '오픈 포 유Open for you' 등이 대표적이다. 암스테르담의 '아이 엠 스테르담'은 심플하게 자기다움을 잘 표현한 슬로건이라 할 수 있다.

사람들이 자발적으로 조형물 사진을 SNS에 올리는 것을 보며, 도시를 알리는 강력한 커뮤니케이션 수단이 바로 도시 브랜드였다는 것을 다시 한 번 느꼈다. 어마어마한 비용을 들여서 도시의 랜드마크가 될 만한 건축물을 짓는 것도 중요하지만 차별화된 자신만의 도시 브랜드 개발을 통해 비용이 적게 드는 조형물로도 얼마든지 도시의 랜드마크가 될 수 있다는 것을 보여준 사례였다.

몰타 _ LOVE 조형물
"사랑을 기념하려면 몰타로 떠나세요"

나는 2018년 2월, 결혼 10주년 기념 여행으로 아내와 유럽 국가인 몰타 Malta를 다녀왔다. 예전에 아내와 함께한 여행은 각자의 바쁜 스케줄로 인해 여행지에서 1주일 이상 머무르지 못해 늘 아쉬웠는데, 이번에 처음으로 9일 동안 장거리 여행을 함께할 수 있었다.

몰타는 남부 유럽 지중해 중앙부에 위치한 여러 개의 섬으로 이루어진 작은 섬나라로 제주도의 4분의 1의 면적을 가지고 있다. 지중해의 중앙에 위치하고 있어 오랜 역사에 걸쳐 페니키아Phoenicia, 그리스, 카르타고Cartago, 로마, 그리스도교, 이슬람교 등 다양한 문화가 이곳을 관통했다. 1814년 영국의 영토에 편입되어 1, 2차 세계대전 당시에는 영국의 전쟁 수행에 중요한 거점이 되었고, 1964년 독립 후에도 영연방의 일원이 되어 2004년 5월 유럽연합에 가입하였다.

　내가 몰타를 알게 된 건 13년 전 한 학생이 유럽으로 어학연수를 간다고 했을 때였다. 영어를 배우고 싶다고 해서 당연히 영국으로 가는 줄 알았는데 처음 듣는 몰타라는 나라로 연수를 간다고 했다. 영국 이외에 지중해에서 유일하게 영어를 사용하는 나라가 몰타라고 했다. 그때부터 몰타라는 나라가 매우 궁금해졌다. 그 학생은 10개월간 몰타에서 생활하고 돌아왔는데, 그곳에서 지낸 이야기를 듣고는 죽기 전에 꼭 한 번 가봐야겠다고 결심했다.

　작은 나라인 몰타를 세상에 알리는 데는 '몰타 기사단Knights of Malta'이 큰 역할을 했다. 카톨릭의 보수파 수도회이자 국제법상 주권 국가로 인정받는 단체로 요한 기사단, 로도스 기사단, 구호 기사단이라고도 불린다.

　몰타 기사단은 11세기 십자군 원정 때 순례자, 부상병 등을 구호하기 위한 군사적 성격의 기사단으로 설립되었다. 이후 1522년 오스만 제국의 침공으로 예루살렘에서 로도스섬Rhodes으로 후퇴했다가, 몰타로 이주해 정부를 세우고 국가를 설립했다고 전해진다.

　몰타를 세상에 알린 또 하나의 매개체는 바로 몰티즈Maltese 강아지이다. 몰티즈는 기원전 1500년경 페니키아인의 중계 무역 장소였던 지중해의 몰타섬에 유입되어 그리스나 로마 귀부인들의 애완동물로 길러졌으며, 이후 몰타섬이 영국령으로 넘어갈 때 몰티즈도 영국 왕실에 헌상되어 왕실과 귀족 계급들의 큰 사랑을 받았다고 한다.

한편 몰타의 수도 발레타Valletta는 지중해의 숨은 진주라 불리며 고대의 특징을 거의 그대로 보존하고 있다. 지금도 사람들이 거주하고 있는 몇 안 되는 도시 유적지로 1980년에 유네스코 세계문화유산으로 지정되었다. 상아빛 라임스톤Limestone으로 지어진 건물에 색색의 발코니가 매력을 더하는 곳이다.

몰타에 오기 전에 미리 현지의 스냅 사진 작가를 섭외해 둔 덕분에 우리는 멋진 발레타를 배경으로 사진을 찍을 수 있었다. 3시간 동안 발레타 최적의 사진 촬영지를 돌아다녔다. 배경이 너무 멋지다 보니 모든 사진들이 예술 작품처럼 나왔다.

촬영이 끝나고 나서 현지인 사진작가와 커피 한 잔을 마셨다. 그는 왜 몰타로 여행을 왔는지, 몰타를 어떻게 알았는지 등을 질문했다. 10주년 결혼 기념 여행으로 왔다고 하자 그는 꼭 봐야 할 조형물을 소개해 주었다. 스피놀라 베이Spinola Bay 근처에 가면 'LOVE'라는 조형물이 있는데 낮에도 좋지만 반드시 밤에 가봐야 한다고 했다. 그의 이야기를 들으며 앞서 암스테르담의 사례처럼 몰타에서는 이 조형물이 도시의 랜드마크로서 역할을 하고 있지 않을까 생각했다.

하지만 막상 스피놀라 베이에서 조형물을 찾기는 쉽지 않았다. 이유는 길 양쪽에 두 개의 'LOVE'라는 조형물이 거꾸로 되어 있어서였다. 조형물에는 여러 개의 자물쇠 등 사랑의 맹세와 같은 액세서리들이 매달려 있었다.

사랑의 도시 '몰타'

'LOVE' 조형물이 아름다움을 더하는 스피놀라 베이

지중해의 숨은 진주 발레타

그런데 왜 이 조형물을 거꾸로 만들었을까.의문이 머릿속을 떠나지 않았다. 결국 답을 찾지 못하고 숙소로 향했다. 저녁을 먹고 밤이 되었을 때 사진작가가 밤에 꼭 가보라고 했던 말이 생각나 다시 한 번 조형물을 찾아갔다. 산책로를 따라 걷다 보니 이번에는 건너편 스피놀라 베이에서 'LOVE'라는 글자가 선명히 눈에 들어왔다. 사실 조형물은 거들 뿐 아름다운 스피놀라 베이가 주인공이었던 것이다.

창의적인 조형물이 어떻게 랜드마크가 될 수 있는지를 보여주는 순간이었다. 다른 도시의 조형물들과 확연히 다름을 느꼈다. 관광객들에게 의외성을 줘서 그 순간을 잊지 못하게 만든 스피놀라 베이의 'LOVE' 조형물은 나와 아내에게 몰타에서의 값진 추억을 선사해 주었다.

포르투갈 _ 렐로 & 이르마우 서점
도시의 상징이 된 '해리포터'의 그 서점

내가 브랜드 여행을 하며 항상 들리는 곳은 그 지역의 서점이다. 현지에 도착하기 전 미리 그 지역의 서점 브랜드들과 특징들을 검색해 보는데, 독특한 서점은 책 구매와 상관없이 체험 공간으로서의 매력이 충분하기에 지나치는 법이 없다. 2015년 2월, 포르투갈 제2의 도시인 포르투Porto

로 여행을 떠났을 때도 마찬가지였다.

포르투는 포르투갈 북부의 도루강 하구에 펼쳐진 항구 도시이다. 약 2000년 동안 전통 방식으로 생산하고 있는 포르투 와인의 산지로도 유명하다. 도루강을 따라 도시의 역사를 말해주는 와인 저장고들이 늘어서 있으며 전통과 현대가 교차하는 아름다운 도시이다.*

이런 포르투의 독특한 서점은 바로 영화 '해리포터'에 나온 '렐로 & 이르마우Livraria Lello & Irmao 서점'이다. 유럽에서 가장 아름다운 서점 중 하나로 손꼽히는 이곳을 방문하기 위해 포르투 도착 후 호텔에서 점심을 먹은 다음 바로 길을 나섰다.

서점 앞에 도착하니 사람들이 길게 입장 줄을 서 있었다. 워낙 인기가 많은 서점이라 내부에 사람들이 많을 경우 밖에서 기다려야 했다.

한참을 기다려 들어간 서점은 1906년 네오고딕 양식으로 지어진 건물로 고풍스러운 모습을 그대로 간직하고 있었으며 층마다 책들이 가득 꽂혀 있었다. 스테인드글라스로 장식된 아름다운 천창을 통해서는 햇살이 들어오고 있었다. 왜 이곳에서 '해리포터'를 촬영했는지 이해할 수 있었다. 이미 이 서점은 책을 구매하는 공간을 넘어 지역을 알리는

---

*포트 와인이라고도 불리는 포르투 와인은 부드러우면서도 강한 풍미와 달콤함이 특징이다. 17세기 영국이 프랑스와 전쟁을 할 당시 영국 상인들은 자국 와인 소비량의 대부분을 동맹국인 포르투갈에 의지했는데, 특히 도루강 지역의 와인이 인기가 많았다고 한다. 운반하는 동안 부패될 것을 방지하기 위해 영국인들은 포도즙의 신맛을 없애고 브랜디를 섞어 넣었는데, 그 특유의 맛이 포르투 와인이 세계적인 명성을 얻는 데 결정적인 계기를 제공한 것으로 전해진다.

스테인드글라스로 장식된 천창

'해리포터'에 나온 '렐로 & 이르마운 서점'

네오고딕 양식의 고풍스런 내부

하나의 명소가 되어 있었다.

　국내의 경우 영풍문고가 운영하는 삼성동 스타필드 코엑스몰의 '별마당 도서관'이 서울의 핫플레이스로 떠올랐다. 일반적인 서점은 아니지만 무료로 책도 읽고 공연도 관람할 수 있으며 유명 작가들의 작품도 볼 수 있는 공간이다.

　별마당 도서관이 핫플레이스가 된 가장 큰 이유는 독특한 공간 구성 때문이다. 13m 높이 서가의 은은한 불빛이 공간 전체를 부드럽게 감싸고 있는데 편안한 서재를 콘셉트로 다양한 테이블과 노트북 작업이 가능하도록 테이블과 콘센트가 마련되어 있다. 특히 1층은 지하 1층의 선큰Sunken 공간을 조망하면서 여유롭게 독서 가능한 독립적인 공간으로 구성되었다.

　총 7만여 권의 장서들이 도서관이라는 공간의 특성을 잘 표현해 주는 이곳은 내국인은 물론 해외 관광객들에게도 꼭 한 번 들러보고 싶은 장소가 되었다. 포르투의 렐로 & 이르마우 서점처럼 역사가 깊고 오래된 장소는 아니지만 현대적인 관점에서 도서관의 개념을 재해석해서 시민들이 편안하고 즐거운 시간을 가질 수 있는 열린 문화예술 공간으로 거듭난 것이다. 물론 서울이라는 도시를 알리는 데에도 큰 역할을 하고 있다.

덴마크 _ 왕립도서관

도시를 밝히는 블랙 다이아몬드

2017년 3월 여행한 덴마크의 코펜하겐Copenhagen을 떠올릴 때 가장 내 기억에 남은 곳은 '왕립도서관Det Kongelige Bibliotek'이다. 전 세계에서 지속가능성Sustainability을 위해 가장 많은 노력을 하고 있다고 알려진 도시 코펜하겐은 서유럽과 북유럽을 연결하는 관문으로 고도 제한과 개발 억제 정책 덕택에 오래된 건물들이 옛 모습을 잘 지키고 있었다. 거리에서는 자동차 대신 자전거를 타고 출퇴근하는 사람들을 자주 볼 수 있었는데, 말 그대로 친환경 도시였다.

이런 코펜하겐을 대표하는 건축물 중 하나인 왕립도서관은 '블랙 다이아몬드'라 불린다. 도서관 근처에 가니 검정색 대리석으로 된 건물의 유리창에 햇빛이 반사되어 눈이 부셨다. 왜 블랙 다이아몬드라는 애칭을 갖게 되었는지 알 수 있었다.

이곳은 북유럽 국가에 있는 도서관 중 최대 규모를 자랑한다. 1648년 프레데릭Frederick 3세가 덴마크에서 출간한 모든 책과 처음으로 인쇄된 성서를 보관하기 위해 도서관을 지었는데, 이후 슈미트Schmidt, 햄머Hammer & 라센Lassen의 설계로 대중에게도 선보이게 되었다. 지금은 코펜하겐대학의 도서관을 겸하고 있다.

건물 1층에는 카페와 레스토랑이 있는데 사람들이 많이 모여 있었다.

왕립도서관의 품격을 높인 로고 디자인과 미슐랭 레스토랑

'소렌 케이SOREN K'라는 파인 다이닝 레스토랑으로 미슐랭에서 인정받은 수준 높은 음식과 분위기를 지닌 곳이었다. 도서관에 있는 레스토랑이 미슐랭 수준이라니! 놀라움을 느끼며 점심식사를 하기 위해 레스토랑으로 들어갔다.

도서관에서 접한 미슐랭 레스토랑은 나에게 색다른 경험을 선사했다. 음식의 데코레이션이 눈을 즐겁게 했고 풍부한 맛은 입을 즐겁게 했다. 또 매우 친절한 직원들이 음식이 나올 때마다 그에 대해 자세히 설명해주었다.

기존에 경험한 도서관의 역할이 단순히 책을 읽거나 자료를 찾거나 혹은 스터디를 하는 장소였다면, 덴마크 왕립도서관은 사람들이 편히 쉬고 즐길 수 있는 휴식처 같은 공간이었다. 결국 서점이나 도서관이나 본

질적 기능을 뛰어넘어야 사랑받는 공간이 될 수 있다.

식사를 마친 후 에스컬레이터를 타고 올라가니 책을 볼 수 있는 열람실과 스터디룸이 한눈에 들어왔다. 위층에서 아래를 바라보면 투명한 유리창을 통해 바깥 모습을 볼 수 있는데 운하의 경치가 또한 너무나 아름다웠다.

도서관의 로고 디자인도 흥미로웠다. 이곳을 덴마크어로는 'Det Kongelige(왕실) Bibliotek(도서관)'이라고 표기하는데 로고 디자인을 잘 살펴보면 아래부터 위로 알파벳 이니셜 K와 B가 왕관 모양을 하고 있다. 이곳이 왕립도서관임을 암시하는 히든 메시지였다.

밤이 되자 이 도서관 건물의 상단에 반쯤 걸린 모습으로 거대한 블랙 다이아몬드가 빛을 뿜어내는 모습이 나타났다. 해가 완전히 저물면 건물 중간과 바닥에서 꼭대기까지 설치된 거대한 아트리움의 유리벽을 통해 나오는 불빛이 운하의 물에 드리워지고 블랙 다이아몬드는 더욱 진한 검은색을 띠면서 신비롭게 변했다.

왕립도서관은 모든 코펜하겐 시민들에게 아낌없이 품을 내어주는 너그러운 도서관이자 덴마크 국민들의 사랑을 한 몸에 받는 명실상부한 보석 같은 존재였다. 너무나도 멋진 곳이었다.

이곳은 덴마크 최초로 전깃불이 들어온 장소로도 유명하다. 도서관은 불을 밝히는 곳이다. 도서관의 불빛이 국민을 계몽하고 나라의 미래를 밝힌다는 강한 상징성을 보여주는 것 같았다.

'블랙 다이아몬드'라는 애칭을 가진 검정 대리석 건물

덴마크 국민의 보석이 된 '왕립도서관'

해질 무렵 블랙 다이아몬드에 걸린 석양

도시의 색깔을 보여주는
랜드마크

김
상
률

아랍에미리트 _ 부르즈 칼리파 전망대

높은 곳에서 느끼는 여행의 묘미

해외 도시 여행을 하면서 빠지지 않고 꼭 방문하는 곳이 그 도시의 전경을 바라볼 수 있는 전망대이다. 2018년 3월, 아랍에미리트 두바이Dubai로 여행을 갔을 때도 반드시 들러야 할 곳으로 부르즈 칼리파Burj Khalifa 전망대를 선택했다.

가장 높은 곳에서 바라보는 도시의 전경은 여행을 온 이유를 말해준다. 그래서 대부분의 전망대는 도시의 랜드마크이자 하나의 도시 브랜드가 되고 있다. 도시를 떠올릴 때 함께 떠오르는 장소인 것이다.

부르즈 칼리파의 전망대는 두바이뿐 아니라 세계에서 가장 높은 곳에 위치해 있다. 두바이는 아랍에미리트에서 두 번째로 큰 도시로 전체

178

세계 최고 높이를 자랑하는 '부르즈 칼리파'

면적의 90%가 사막으로 이루어져 있다. 황량한 사막뿐이던 두바이는 현재 비즈니스의 도시, 쇼핑의 도시, 기적의 도시로 불린다. 이곳에 한 국의 삼성물산이 참여해 지은 세계 최고最高의 빌딩이 바로 부르즈 칼리 파이다.

'두바이의 탑'이라는 의미의 부르즈 칼리파는 총 면적 약 15만 평에 높이는 828m로 세계 최고를 자랑한다. 건물은 총 162개 층으로 구성되 어 있는데, 160층 이상부터는 첨탑으로 이루어져 있다. 1~39층은 호텔 이며 40~108층은 고급 레지던스, 109층부터는 사무실, 124층이 전망

'부르즈 칼리파'의 화려한 분수쇼

대인 '앳더톱At the top'이다.

밤에는 화려한 조명으로 옷을 갈아입는 부르즈 칼리파는 건물 자체에서 빛의 향연을 보여준다. 건물로 들어가는 입구에서는 부르즈 칼리파의 탄생 배경과 공사 현장, 공사 참여자들에 대한 영상이 상영된다. 시공사로 참여한 삼성물산 담당자의 인터뷰 내용은 한국인으로서 뿌듯함을 느끼게 해주었다.

전망대에 가기 위해 세계에서 가장 빠른 엘리베이터를 타면 초당 10m씩 올라간다. 마침내 도착한 전망대에서 바라본 두바이의 전경은

말 그대로 '언빌리버블Unbelievable'이다. 높이도 높이지만 두바이시의 전경과 함께 사막과 바다가 주변에 펼쳐져 장관을 이룬다. 사막 위에 도시를 만들고 바다 위에 인공섬을 만들어 탄생시킨 두바이의 전경을 바라볼 수 있는 것 자체가 감동이다. 당연히 부르즈 칼리파 전망대는 두바이의 도시 브랜드를 알리는 데 있어 명확한 랜드마크 역할을 하고 있다.

국내에서도 전망대의 중요성에 대한 관심이 날로 커지고 있다. 어렸을 적 63빌딩 전망대에 올랐을 때 이렇게 높은 빌딩이 국내에 있다는 것에 자부심을 느낀 게 엊그제 같은데, 이젠 123층 높이의 롯데월드타워 전망대가 생겼다.

또한 2026년 하반기 준공을 목표로 서울 강남구 삼성동에 건설되는 현대차그룹 글로벌비즈니스센터GBC에도 전망대가 들어설 예정이다. 이 빌딩의 경우 층수는 105층으로 롯데월드타워보다 적지만 전망대의 높이가 569m로 롯데월드타워(555m)보다 더 높은 곳에 지어질 계획이다.

이렇게 높은 곳에 전망대를 지으려는 것은 더 높이 오르고자 하는 사람들의 욕망을 충족시킴과 동시에 높은 전망대를 지닌 빌딩이 국가 및 도시 브랜드를 알리는 랜드마크로서 훌륭한 역할을 하기 때문이다. 전망대는 내국인들에게는 자부심을 느끼게 하고 해외 관광객들을 유치하는 데에도 중요한 역할을 하고 있다.

이탈리아 _ 조토의 탑
역사가 깃든 옛 도시의 전망대

나는 역사가 깊은 도시를 여행할 때도 그 도시를 한눈에 바라볼 수 있는
전망대를 찾아본다. 2016년 2월, 이탈리아 여행을 할 때도 마찬가지였
다. 고대 건축양식을 유지하고 있는 피렌체Firenze에서 3일을 머물렀는
데, 내가 방문한 전망대는 바로 '조토Giotto의 탑'이었다.

　피렌체는 15세기에 은행업과 상업으로 번영을 누린 도시였다. 이곳
에서 부를 축적한 메디치가Medici 家가 화가, 시인, 학자, 철학자 등을 비
호한 덕분에 피렌체는 문화의 중심 도시로 도약하게 되었다.

　예술의 도시, 꽃의 도시라고 불리는 피렌체의 중심은 화려한 두오모
Duomo 광장 주변이다. 두오모 광장에는 두오모 대성당과 세례당, 조토
의 탑 등이 있고, 이 중 도시의 전경을 한눈에 볼 수 있는 전망대로 유명
한 곳이 바로 두오모 대성당과 조토의 탑이다.

　유네스코에 등재된 역사적 도시들의 경우 현대적인 건물보다 중세
시대의 건물을 간직하고 있는 곳이 많다. 그리고 전망대들은 옛것을 그
대로 유지하기 위해 새롭게 엘리베이터를 설치하지 않는다. 그러다 보
니 꼭대기에 오르기 위해서는 수많은 계단을 올라야 하는 번거로움이
있다. 시간과 체력도 없던 나는 두 곳의 전망대 모두에 올라 반대편의
모습을 보는 것을 포기하고 조토의 탑만 올라가 보기로 했다.

역사가 깃든 전망대를 가진 '조토의 탑'(좌)과 '두오모대성당'(우)

조토의 탑은 조토가 제자인 피사노Pisano와 함께 설계해 14세기 말에 완성했다. 높이 84m의 탑 맨 아래쪽을 장식한 육각형의 부조 패널은 인간의 재생 과정을 묘사한 피사노의 작품이다.

입구에서 시작해 꼭대기 테라스까지 올라야 할 계단의 수는 414개이다. 200개의 계단을 올랐을 때 체력의 한계를 느꼈고 다시 내려가야 하나 갈등이 시작되었다. 흥미로운 건 내려오는 관광객들의 위로

'조토의 탑'에서 내려다 본 피렌체 시내 전경

였다. 얼마 안 남았으니 힘내라는…. 덕분에 다시 힘을 내 테라스에 올랐다.

'이곳이 피렌체구나!' 테라스에서 바라본 두오모 대성당의 큐폴라 Cupola와 오렌지색으로 물든 아름다운 거리를 보며 옛 도시의 전망대에 올라야 할 이유를 찾을 수 있었다.

조토의 탑은 피렌체라는 도시의 추억을 간직하게 하는 데 매우 중요한 역할을 했다. 계단을 오를 때 힘들었던 기억은 금세 사라지고 테라스를 돌며 여기저기 사진을 찍기 바빴다.

이탈리아 _ 아시넬리 탑

색色, 도시의 아이덴티티를 담다

피렌체를 떠나 최종 목적지는 밀라노였다. 그런데 열차로 가던 도중 붉은 도시 볼로냐Bologna를 알게 되었고 하루를 머물게 되었다. 볼로냐는 미식의 도시로 '스파게티 알라 볼로네제(볼로냐식 스파게티)'라는 이름으로 많이 알려진 도시이다.

이 도시에는 인도에 중세의 도시 계획에 따라 세워진 '포티코Portico'*라는 독특한 주랑 아케이드가 뻗어 있어 비 오는 날에도 비를 피하며 걷기에 좋았다. 여기서도 전망대를 알아보았는데 볼로냐 시가지를 한눈에 볼 수 있는 탑이 있었다.

12~13세기 볼로냐 시내에는 200개 가까운 탑이 세워졌다. 현재는 60개 정도의 탑이 남아 있는데 아시넬리Asinelli와 가리센다Garisenda 2개의 탑이 유명하다. 이 중 가장 높은 탑인 아시넬리 탑Torre Asinelli으로 향했다. 피렌체에서 조토의 탑을 오를 때 고생한 것이 생각났지만 동시에 전망대에서 바라본 아름다운 도시의 전경이 머릿속에 떠오르며 어느 순간 꼭대기로 향하는 계단을 오르고 있었다.

탑의 계단은 498개로 조토의 탑보다 무려 84개가 더 많았다. 중간쯤

---

* 건물 입구로 이어지는 현관 또는 건물에서 확대된 주랑을 일컬으며 통로 위로 지붕이 덮혀 있으며 기둥으로 지지하거나 벽이 둘러쳐 있다.

붉은 도시 볼로냐의 '아시넬리 탑'과 시내 전경

올라갔을 때 또 다시 밀려오는 후회감. 아시넬리의 나무 계단은 조토의 탑보다 더 좁고 미끄러웠다. 나도 모르게 '왜 지금 이 계단을 오르고 있지?'라며 스스로에게 묻고 있었다. 여행에서는 편안함에서 오는 즐거움도 있지만 고생 후의 낙이 이루 말할 수 없이 클 때도 있다. 힘을 내어 다시 계단을 올랐다.

마침내 전망대에 다다르니 왜 볼로냐를 붉은 도시라고 말하는지 알 수 있었다. 모든 건물의 지붕들이 빨갛게 보였다. 볼로냐는 이탈리아에서 부유한 도시에 속하며 매우 진보적인 사람들이 살고 있다고 한다. 전망대에서 바라보니 도시의 그런 성향이 더 강하게 느껴졌다.

아시넬리 탑에서 내려와 붉은 빛의 볼로냐 스파게티를 먹으며 도시 브랜드와 컬러의 연관성에 대해 다시 한 번 생각했다. 북아프리카 국가

다양한 색으로 물든 모로코의 도시들

'하얀 집'이란 뜻의 이름을 가진 카사블랑카

'블루 시티' 셰프샤우엔   '붉은 도시' 마라케시

중 하나인 모로코Morrocco는 도시의 특징을 컬러로 나타내서 자신만의 아이덴티티를 구축해 관광객들을 맞이하고 있다.

모로코의 대서양 연안에 있는 항만 도시 카사블랑카Casablanca는 스페인어로 '하얀 집'을 의미한다. 도시의 집들이 대부분 하얀색을 띠고 있어 도시 전체가 하얗게 보인다. 또한 셰프샤우엔Chefchaouen은 종교 박해를 피해 온 유대인들이 정착 후 집을 파란색으로 칠하면서 '블루 시티'라 불리는데 모로코에서 가장 아름다운 곳으로 꼽힌다. 또 모로코 제4의 도시인 마라케시Marrakech는 흙의 색깔과 건물의 바깥벽이 온통 붉은색이어서 볼로냐처럼 '붉은 도시'라고 불린다.

이처럼 자신만의 컬러를 활용하면 도시 브랜드를 쉽게 인지시킬 수 있고 다른 도시와 차별화할 수 있다. 안타깝게도 국내의 경우 도시 전체에 특정 컬러를 활용해 차별화한 곳을 찾아보기 어렵다. 다만 전통 한옥 마을의 경우, 검정이라는 컬러로 아이덴티티를 표현할 수 있지 않을까 싶다. 역사적으로 자연스럽게 만들어진 컬러가 도시를 알리는 데 중요한 역할을 하고 있기에, 한국적 전통이 배어 있는 검은색 기와지붕을 유지하는 지역이 있다면 이를 잘 활용해 브랜드로 연결해 보는 것도 좋을 것 같다.

옛것을 살려
현대화하다

아랍에미리트 _ 두바이 금 시장
이색 경험으로 가득한 도시의 랜드마크

나는 해외 도시 여행을 하며 그 도시의 전통시장에 들러 특산품이나 기념품을 구매하기도 하지만 시장을 투어하는 그 자체를 좋아한다. 시장은 단순한 쇼핑을 위한 공간이 아닌 볼거리와 체험의 장소로서 전망대 못지않은 도시의 랜드마크가 되기 때문이다.[*]

2018년 2월, 아랍에미리트 두바이에 갔을 때도 금 시장Gold Souq과 향신료 시장Spice Souq[**]을 들렀다. 두바이의 금 시장은 미국 다음으로 세계에서 두 번째로 큰 금 시장이다. 이곳에는 450여 개의 도매상과

---

[*] 시장은 나에게 쇼핑을 위한 공간이라기보다 놀이공간이기에 사는 것이 아닌 노는 것으로 분류하였다.
[**] '수크'는 아랍어로 시장을 의미한다.

세계에서 두 번째로 큰 '두바이 금 시장'

사람들로 가득한 두바이 금 시장

기네스북에 오른 세계에서 가장 큰 금반지

300여 개의 소매상이 모여 있는데, 한 해 두바이에서 수입하는 금은 500톤에 달하며 우리나라에 비해 세금이 적고 수공료가 낮아서 금값은 대체로 싼 편이다.

크고 작은 규모의 상점들로 이루어진 금시장은 화려함으로 사람들의 이목을 끈다. 이 시장에서는 인도인들이 좋아하는 22K, 아랍인들이 좋아하는 21K, 다른 국가의 관광객들이 좋아하는 18K 금제품 등을 판매하고 있었다. 가게마다 독특한 디자인의 제품이 즐비했고 금으로 만든 화폐를 진열해 놓은 곳도 있었다. 세계에서 가장 많은 양의 금을 볼 수 있는 공간에 서 있다는 것이 그저 신기할 따름이었다.

가장 인상 깊었던 가게는 세계에서 가장 큰 금반지를 소유한 곳으로, 기네스북에 오른 덕분에 그 앞에서 사진을 찍는 관광객들이 많았다. 어떤 테마 거리에 비슷한 가게들이 몰려 있는 경우에는 자신만의 장점을 검증해 줄 수 있는 상징물이나 증표(국내의 경우를 예로 들면 '생활의 달인' 가게 몇 호점이라는 액자)가 필요하다. 그 가게를 경험하기 전에 미리 신뢰감을 줌으로써 고객을 끌어들이는 힘이 있기 때문이다. 이런 측면에서 그 가게는 기네스북이라는 증표를 갖고 있는 셈이었다.

금 시장을 지나 향신료 시장으로 접어들자 카레 가루, 말린 레몬, 히비스커스Hibiscus, 월계수 잎, 샤프란Saffron 등이 전시된 모습을 볼 수 있었다. 금 시장이 눈만 즐거웠다면 다양한 색깔과 향을 가진 향신료들이 즐비한 이곳은 눈과 코가 모두 즐거웠다.

카타르 _ 수크 와키프
젊은이의 놀이터가 된 전통시장

2019년 2월, 카타르 도하Doha로 여행을 떠났을 때는 전통시장을 방문하기 쉽게 호텔도 '수크 와키프Souq Waqif' 근처로 잡았다. 수크 와키프는 단순히 전통용품과 음식을 구매할 수 있는 시장이 아니라 카타르 사람들의 문화와 삶을 생생히 체험할 수 있는 역사박물관 같은 곳이었다.

수크 와키프는 우리말로 '멈춰져 있는 시장'을 뜻한다. 예전부터 항구도시인 도하에서는 많은 상인들이 들렀다가 떠나기를 반복했기에 잠시 머물고 즐기는 곳이었다는 의미가 담겨 있는 이름이다. 그래서인지 낮에도 밤에도 끊임없이 사람들로 붐비는 수크 와키프는 카타르 문화뿐 아니라 여러 중동 국가들의 문화를 동시에 접하기에 좋은 장소였다.

중동을 대표하는 음식을 파는 레스토랑이 즐비했는데 특히 레바논 음식을 파는 곳이 가장 많았다. 중동 요리에서 빠질 수 없는 향신료들도 각 골목마다 전시되어 있었다. 낮에는 말이나 낙타를 타고 순찰하는 경찰들을 볼 수 있었고, 밤에는 노천카페에 모여 식사를 하거나 차를 마시는 사람들을 만날 수 있었다.

이처럼 도하에서 가장 핫한 장소가 전통시장이라는 것이 흥미로웠다. 마치 한국의 명동 거리처럼 사람들로 가득 차 있었다. 나는 지인과 커피빈Coffee Bean 매장의 테라스에서 커피를 마셨는데, 지나다니는 현

체험의 장소로 손색 없는 전통시장 '수크 와키프'

지인들을 보는 재미가 쏠쏠했다. 시장이라고 해서 단순히 물건을 파는 곳이 아니라 사람들이 먹고 놀고 즐길 수 있는 체험의 장소로 역할이 변하고 있음이 느껴졌다.

이와 비교하면 우리나라의 전통시장들은 아쉬운 점이 많다. 주로 생필품을 사고파는 시장의 기능적 역할에 초점을 두다 보니 젊은 사람들이 잘 가지 않는데다가 공간 활용의 효율성도 떨어지는 곳이 많다.

밤만 되면 먹거리가 넘쳐나고 새로운 소비자가 유입되는 대만 타이페이의 스린 야시장士林夜市과 같이 새로운 공간 활용에 대한 아이디어를 고민해 보아야 한다. 이는 시장에 활력을 불어넣는 젊은 세대들을 유인하고 새로운 관광 명소로 재탄생하기 위해서도 필요하다.

스페인 _ 산 미구엘 시장

옛것의 현대적 재해석

나는 2015년 3월, 스페인 마드리드Madrid로 여행을 떠났다. 스페인의 수도인 마드리드는 내륙의 중앙부에 위치해 있어 각 도시로 이동이 편리한데, 시내 중심부의 수많은 광장과 연결된 골목에서는 각종 바와 카페테리아, 레스토랑 등이 자리해 있어 맛있는 타파스Tapas*와 함께 상그리아Sangria를 마시며 도시의 정취를 만끽할 수 있다. 특히 자정 즈음 시작되는 파티 문화와 골목 곳곳에서 뿜어 나오는 젊은이들의 열기는 마드리드의 매력을 잘 보여준다.

마드리드의 이러한 주류 문화를 고스란히 엿볼 수 있는 곳이 마요르 광장Plaza Mayor 동쪽에 있는 '산 미구엘 시장Mercado de San Miguel'이다. 1835년부터 마드리드의 식탁을 책임지던 시장이 화재로 인해 패쇄했다가, 리모델링을 통해 33개의 바와 선술집이 들어선 실내 시장으로 다시 태어났다. 낮에는 주로 과일이나 채소 등의 농산물과 꽃을 판매하고 밤에는 스페인의 다양한 먹거리인 햄, 치즈, 토르티야, 해산물 튀김 등의 타파스와 와인, 맥주를 같이 판매한다.

밤이 되자 사람들이 더 많아지면서 시장은 시끌벅적한 펍으로 변하

---

* 스페인에서 식사 전에 술과 곁들여 간단히 먹는 소량의 음식

는 것 같았다. 또한 현지인들뿐만 아니라 관광객늘이 함께 어우러져 즐거움이 넘치는 장소가 되었다. 시장 안을 천천히 둘러보다가 마음에 드는 가게에서 주문을 하고 음식이 나오면 그 자리에 서서 먹거나 시장 중앙에 마련된 테이블에 앉아서 먹었다. 가게마다 먹거리인 타파스가 달랐으며 다양한 상그리아를 맛볼 수 있어서 좋았다.

나는 술을 잘 못 하는 편이라 상그리아 두 잔을 마시고 취해서 지하철까지 겨우 걸어갔다. 상그리아의 도수가 생각보다 높았던 데다 분위기에 한 번 더 취했던 것 같다. 토요일인 그날은 새벽 3시까지 지하철이 운영되고 있었는데, 새벽 2시에도 지하철을 이용하는 젊은 사람들이 많았다.

시장은 아니지만, 국내에도 낙후된 곳을 변화시켜서 젊은 층을 유입하는 사례들이 조금씩 늘고 있다. 그 중 한 곳이 요즘 '힙지로(힙한 을지로)'라 불리는 을지로 지역이다. 원래 을지로 지역은 공구상가로 유명했다. 하지만 상가들이 문을 닫는 저녁시간이 되면 불빛 하나 볼 수 없는 유령 도시가 되곤 했다.

그런데 어느 순간 노가리 골목으로 불리는 곳에 호프집이 하나둘 생겨나더니 이제는 대한민국에서 가장 핫한 곳이 되었다. 퇴근길에 가볍게 맥주 한 잔을 하기 위해 들리는 근처 회사원들뿐 아니라 전국에서 사람들이 모여들기 시작했다.

지난 3년 동안 을지로에는 호프집 외에 카페, 음식점 등 100개가 넘는

전통과 현대가 어우러진 '산 미구엘 시장'

늦은 시간에도 환하게 불 밝힌 시장 입구

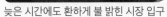

마드리드의 주류 문화를 체험할 수 있는 다양한 상점들

상점들이 생겨났고 마침내 젊은 층에게도 사랑받는 곳이 되었다. 젊은 층들이 이곳을 찾게 된 이유는 인위적이지 않은 레트로 감성 때문이다. 골목길에 오밀조밀 모여 있는 상점들이 서울의 옛 모습을 떠오르게 하면서 의도하지 않은 레트로 감성이 곳곳에 녹아든 것이다. 젊은 층에게는 경험해 보지 못한 레트로에 대한 호기심이, 기성세대에게는 옛 장소에 대한 그리움이 을지로를 '힙지로'로 만든 게 아닐까.

헝가리 _ 심플러 케르트
폐허 속에 꽃핀 뉴트로 문화

2020년 2월, 내가 헝가리 부다페스트Budapest 여행을 떠날 당시 세계는 코로나19로 인해 떠들썩해지고 있었다. 그런 시기의 여행이라 매우 조심스러웠는데, 사람들이 많이 몰리는 관광지는 가능한 한 피했지만 꼭 가봐야겠다고 생각한 핫 플레이스가 있었다. 바로 루인 펍Ruin Pub인 '심플러 케르트Szimpla Kert'였다.

루인 펍은 폐허를 뜻하는 루인Ruin과 술집을 뜻하는 펍Pub의 합성어로, 이름 그대로 폐허 같은 건물 속에서 조명을 밝히고 볼륨을 높이며 밤을 즐기는 새로운 클럽 문화의 성지이다. 몇 년 전 독일 베를린에서 폐건물을 리모델링해 클럽으로 바꾸는 것이 큰 인기를 끌면서 유럽 전역에 확산되었는데, 부다페스트에서는 그들 나름의 로컬 문화를 덧입혀 루인 펍이라는 새로운 카테고리가 탄생한 것이다.

루인 펍의 원조로 꼽히는 심플러 케르트가 크게 성공을 거두자 부다페스트 곳곳에 다양한 루인 펍이 생겼다. 흥미롭게도 그들 중에는 실제 폐허가 된 건물이 아닌 일반 건물을 폐허처럼 보이도록 인테리어한 경우도 많다. 세련됨을 버리고 옛것을 현대화하여 인기를 끌고 있다는 점에서 국내의 뉴트로Newtro 열풍과 일맥상통한 것 같다.

내가 심플러 케르트에 들른 것은 늦은 저녁이었다. 입구에는 이미 많은 사람들이 줄을 서 있었는데, 밖에서 본 심플러 케르트의 외관은 그야말로 폐허였다. 하지만 입구에 들어서자 클럽 음악이 크게 울려 퍼졌고 디제잉을 하는 모습도 눈에 들어왔다. 별도의 입장료나 드레스 코드는 없었으며, 좌석과 테이블의 경계도 모호해 먹거리나 술 종류를 주문하고 그냥 빈자리에 앉으면 되었다. 물론 자리가 없을 경우 서서 마실 수도 있었다.

심플러 케르트는 무질서 속에서 아무런 제한 없이 마음 가는 대로 놀 수 있는 곳이었다. 수백 종에 달하는 칵테일과 와인, 맥주 그리고 햄버거 등의 먹거리를 판매하고 있었고 가격은 꽤나 착한 편이었다. 건물은 1층과 2층으로 나뉘어 있었는데, 2층에 올라가니 미로처럼 혼잡한 동선 구석구석에 사람들이 옹기종기 모여 대화를 나누고 있었다. 낯설지

옛것을 재해석한 루인 펍 '심플러 케르트'

만 매우 매력적인 공간은 인스타그래머블Instagramable* 조명과 인테리어로 잘 꾸며져 있어 힙한 젊은이들이 사진을 찍기에 적합해 보였다.

이곳의 또 다른 흥미 요소는 펍 바로 옆에 위치한 굿즈숍Goods Shop이다. 심플러 케르트의 티셔츠와 에코백, 마그넷, 엽서 등 다양한 굿즈를 판매하고 있었는데 부다페스트를 대표하는 도시 브랜드로 손색이 없을 정도로 구색이 잘 갖추어져 있었다. 나도 방문 기념으로 티셔츠와 마그넷을 구매했다.

더욱 흥미로운 사실은 매주 일요일이 되면 이 루인 펍이 전통시장으

---

*'인스타그램에 올릴 만한'이란 뜻으로 SNS를 통한 과시를 즐기는 젊은이들의 소비문화와 이를 노리는 기업의 최신 마케팅 트렌드를 보여준다(매일경제 용어사전).

로 변신한다는 점이다. 치즈, 과일 등 다양한 식재료를 생산자가 직접 판매하는 장터가 되는 것이다.

이처럼 옛것을 현대적으로 해석하여 적용하는 뉴트로는 젊은 사람들에게는 새로움을, 나이 든 사람들에게는 추억을 선사하며 긍정적인 반응을 얻고 있기에 마케팅적으로 활용해 볼 만한 가치가 있다.

국내의 경우 뉴트로 열풍을 마케팅에 활용한 사례로 '곰표' 브랜드를 들 수 있다. 대한제분의 밀가루 브랜드인 '곰표'는 여러 브랜드들과 컬래버레이션을 통해 다양한 상품에 활용되며 아이템 재활성화에 성공했다. 곰표 패딩, 곰표 팝콘, 곰표 치약, 곰표 선크림 등 다양한 브랜드들과의 협업을 통해 감각적인 신제품들을 탄생시켰고 최근에는 수제 맥주 제조사인 세브브로이와 공동으로 곰표 밀맥주도 론칭했다.

2017년 인지도 조사를 진행했을 당시, 2030 세대에서 곰표라는 브랜드를 아는 사람은 많지 않았다. 더구나 2015년 진행한 조사 때보다 브랜드 인지도가 더 하락한 것으로 나타난 심각한 상황이었다. 이에 위기의식을 느낀 대한제분은 소수 인원의 마케팅 TF Task Force 팀을 꾸렸다. 그리고 2030 세대에는 신선함을, 40대 이상 고령층에게는 추억을 소환시켜 주는 뉴트로의 인기에 힘입어 곰표는 마침내 브랜드 재활성화에 성공했다. 지금은 2030세대를 중심으로 브랜드 인지도를 꾸준히 쌓아 가는 중이다.

작은 공간에서
브랜드를 배우다

그리스 _ 미코노스섬
낮과 밤이 다른 작은 마을

나는 2019년 3월, 신들의 나라 그리스로 여행을 떠났다. 헬레니즘 Hellenism이라는 서양 문명의 뿌리인 그리스는 유럽 남동부 발칸반도 남단에 위치해 있다. 국토는 본토인 반도와 6000여 개의 주변 섬들로 이루어져 있는데, 섬들 중 227개에만 사람들이 살고 있다.

그리스 여행을 준비하면서 가장 먼저 떠올린 섬이 산토리니Santorini 였다. 이온 음료 브랜드 포카리스웨트의 광고 촬영지라는 소문도 있었고 여행 관련 TV 프로그램에서 자주 소개되는 곳이기도 했다. 우연히 졸업한 제자 중 한 명이 인스타그램에 올린 그리스 여행 사진을 보게 되었는데 풍차를 배경으로 바다 경치도 너무 아름다웠다.

그런데 알고 보니 그곳은 산토리니가 아니라 산토리니가 속한 키클라데스Cyclades 제도의 섬 중 하나인 미코노스Mykonos섬이었다. 이때부터 미코노스에 관한 자료를 찾기 시작했다. 그리스 신화를 살펴보니 이 섬은 제우스와 티탄족Titans의 전쟁터였다고 했다.

전쟁은 계속되었고 티탄족은 신들의 큰 고민거리가 되었다. 그때 헤라클레스가 나타났고 신들의 오랜 숙원이던 티탄을 죽이고 바다에 수장시켰다. 이때 헤라클레스가 티탄을 향해 던진 바위가 이 섬이 되었다는 것이다. 미코노스라는 이름은 섬의 첫 번째 통치자인 아폴론의 손자 미콘스Mykons(델로스의 왕)의 이름에서 따왔다고 한다.

미코노스는 아테네에서 비행기로 40분 정도 떨어진 곳에 위치해 있었다. 아테네에서 가는 이동 수단으로는 비행기 외에도 페리가 있다. 페리는 4시간 정도 소요되는 불편함이 있지만 비행기에 비해 가격이 저렴해서 많이들 이용하는 편이다.

미코노스에는 대중교통이 발달되어 있지 않았다. 택시도 많지 않고 버스도 배차 간격이 길기 때문에 나는 렌터카를 이용하기로 했다. 섬이 워낙 작다 보니 관광지 간 이동 거리가 매우 짧았다.

하지만 모든 곳을 차로 이동할 수는 없었다. 섬의 중심지인 호라Chora 마을은 자연 상태 그대로 보존하기 위해 차량을 통제해 오로지 튼튼한 다리로 걸어 다녀야 했다.

미코노스의 첫인상은 너른 구릉 위로 햇빛에 씻긴 순백의 가옥들이 늘어선 모습이 마치 때 묻지 않은 시골 아이의 얼굴처럼 순수해 보였다. 호라 마을을 걷다 보니 교회와 예배당이 많았는데, 실제로 작은 섬에 무려 400개가 넘는 교회가 있다고 한다.

교회들의 외관은 아주 독특했다. 하얀 지점토 덩어리들을 이리저리 뭉쳐 놓은 것 같은 모양새로 하나의 교회에서 비잔틴 양식, 키클라데스 양식 등을 다 찾아볼 수 있다는 것이 흥미로웠다.

미코노스는 '풍차의 섬', '바람의 섬'이라고 불린다. 북쪽에서 부는 계절풍인 멜테미Meltemi는 지중해 섬 어디에나 있지만 특히 미코노스에 가장 오래 머물다 가기 때문이다. 이렇게 바람이 자주 불다 보니 옛날부터 이곳 사람들은 풍차를 이용해 밀과 곡식을 빻아 수출하며 먹고 살았다고 한다.

수많은 풍차들은 대부분 사라지고 현재는 16개만 남아 있었다. 그 중 카토 밀리Kato Milli 언덕에 나란히 세워진 6개의 풍차는 이곳의 랜드마크가 되었다. 내가 이곳을 찾아오게 된 이유도 바로 이 풍차 때문이었다. 지금은 작동이 멈췄지만 과거의 추억을 찾아 많은 여행객들이 몰려들고 있었다. 풍차와 함께 바라보는 바다 경치는 잊을 수 없는 추억을 선사했다.

풍차를 본 후 언덕 밑 해안가로 내려가다 보니 '리틀 베니스Little Venice'라 불리는 또 하나의 명소가 나타났다. 바다 바로 옆에 세워진 건물들과 파도 위에 아슬아슬하게 매달린 테라스가 눈길을 사로잡았다.

섬의 명소인 풍차 언덕

바람의 섬 '미코노스'

그림 같은 '리틀 베니스'

리틀 베니스의 건물들은 과거 선장이나 부유한 상인들이 거주하던 곳으로 선박에서 물품을 싣고 내리는 것을 용이하게 하기 위해 바다와 맞닿은 형태로 지었다고 한다. 현재는 대부분의 건물들이 레스토랑이나 카페로 사용되고 있었다. 거센 파도가 치기라도 하면 물벼락을 맞을 수도 있지만 대부분의 여행객들은 이를 즐기는 것 같았다.

미코노스의 환상적인 석양을 바라보고 있으니 무라카미 하루키가 소설 '상실의 시대'를 이곳에서 집필한 이유를 알 것만 같았다. 그는 유럽여행을 하던 중 이 섬에 반해 한동안 머물며 소설을 집필했다고 한다.

물론 이곳이 단순히 평화로운 풍경만으로 여행객들을 사로잡은 것은 아니다. 밤이 되면 또 다른 세계가 열린다. 태양이 저물면 소박한 어촌 마을의 모습은 사라지고 섬 전체가 숨겨왔던 화려함을 드러낸다. 이곳은 파티의 섬이었다. 여름 성수기엔 세계 최고의 DJ들과 젊은이들이 섬에 들어와 밤 문화를 즐긴다. 어둠이 깔린 밤하늘에 둥그런 달이 걸리면 온 마을이 비트 소리와 신나는 노랫소리로 들썩였다. 생각지도 못한 마을 구석구석의 바들과 클럽들이 여흥을 도왔다.

도보로만 이동이 가능한 호라 마을은 좁고 구불구불한 골목들이 거미줄처럼 엉켜있어 마치 미로 같았다. 물론 마을이 워낙 작아서 돌아다니다 보면 언젠가 빠져나올 수는 있겠지만 입구와 출구를 찾는 일이 만만치 않았다. 이곳의 가옥들은 주사위처럼 네모난 모양으로 온통 회반죽으로 칠해져 있는데, 지중해의 강렬한 태양과 매서운 바람으로부

미코노스섬 호라 마을의
명품 브랜드숍

터 건축물을 보존하기 위해서라고 한다.

　미로를 돌아다니다 보면 수많은 상점들을 만날 수 있는데 여기저기서 사진을 찍는 여행객들로 가득했다. 어릴 때 동네 골목에서 아이들과 숨바꼭질 놀이를 하던 추억이 떠오르기도 했다.

특히 흥미로웠던 것은 이 마을 여기저기에 있는 럭셔리 브랜드들의 매장이었다. 보통 럭셔리 브랜드 매장은 외관부터 화려함을 드러내는 편인데 이곳은 달랐다. 외관에서 느껴지는 화려함이 전혀 없었다. 루이비통Louis Vuitton 매장도 쇼파드Chopard 매장도 오히려 소박함 그 자체였다.

럭셔리 브랜드들조차 마을의 평화로운 분위기에 동화된 모습은 매우 인상적이었다. 지역의 문화를 존중하고 아이덴티티를 유지하는 데 일조하는 것처럼 보였다. 브랜드와 지역의 조화가 왜 중요한지를 보여준 사례였다.

리투아니아 _ 우주피스 공화국
거짓말 같은 작은 나라

나는 2019년 8월 여름, 리투아니아의 수도 빌니우스Vilnius로 여행을 떠났다. 리투아니아는 북유럽 발트해 남동쪽 해안에 있는 나라로 1940년 소련, 1941년 독일의 지배를 받다가 1990년 3월 독립 선언을 한 후 이듬해 정식으로 독립했다. 발트 3국(에스토니아, 라트비아, 리투아니아) 중 인구 규모가 가장 큰 리투아니아는 유럽의 지리적 중심 국가임을 표방하며 발트 지역에서 구심적 역할을 하고 있다. 탈냉전 체제 변혁기였던 1990년 3월 소련 연방 내 국가들 중에서 가장 먼저 독립을 선언함으로써 주변 발트 국가들의 독립에 선도적인 역할을 수행한 나라이다.

수도 빌니우스는 2009년 EU의 유럽 문화 수도로 지정된 유서 깊은 도시다. 옛 이름은 빌나Vilna이며, 빌니우스란 지명은 빌리야강의 이름에서 유래되었다고 한다. 14~15세기에 건축된 성당과 내부 장식이 현재까지도 보존되고 있으며, 빌니우스 성당과 성당에서 보관하는 성경책은 유럽에서도 가장 오래된 고딕 양식의 상징물로 유명하다.

빌니우스 여행을 준비하면서 한 가지 흥미로운 사실을 알게 되었는데, 빌니우스 안에 있는 또 하나의 작은 나라였다. 이름하여 '우주피스 공화국Republic of Uzupis'이다.

이 나라는 1년에 딱 하루만 존재한다. 인구 7000여 명, 여의도 면적의 4분의 1도 안 되는 작은 나라로 매년 4월 1일 만우절에만 존재한다. 고작 24시간 동안만 모습을 드러내는 나라지만 대통령과 외무부, 문화부, 국방부, 재정부 등 행정기관도 엄연히 갖추고 있다. 계절마다 컬러가 바뀌는 손바닥 모양의 우주피스 공화국 국기도 있고 '우자스UZAS'라 불리는 자체 화폐도 따로 있다.

내가 우주피스 공화국을 찾은 날은 4월 1일이 아니었기에 이 화폐를 사용해 보지는 못했다. 하지만 기념품 숍에서 방문 기념으로 환전을 해 보니 1우자스는 1유로와 같았다. 기념품 숍에서는 우주피스 공화국을

1년에 하루만 존재하는 '우주피스 공화국'

상징하는 초콜릿과 수제잼, 수공예품 등도 팔고 있었는데, 마침내 그곳에서 우주피스 공화국이 탄생한 스토리를 알 수 있었다.

원래 이 마을은 유대인들의 거주 지역이었으나 2차 세계대전 중 나치 독일에 의해 주민 대부분이 몰살당하면서 폐허가 되었다고 한다. 이후 1990년 구 소련으로부터 리투아니아가 독립을 선언하면서 또다시 혼란스러운 정국을 맞았고, 이곳에는 노숙자들과 마약 중독자들이 모여 살게 되었다. 마을은 빈민촌으로 전락했으며 무명의 가난한 예술가들이 모이기 시작했다.

그러던 어느 날 예술가들은 자유롭고 행복한 세상을 꿈꾸며 직접 나라를 만들어 보기로 하고 '거짓말 같은 나라'라는 의미에서 1997년 4월 1일 만우절을 기념해 독립을 선언했다. 리투아니아어로 '강 건너 마을'

이라는 뜻의 우주피스 공화국은 이렇게 탄생되었다.

매년 4월 1일이 되면 지도에도 없는 나라가 거짓말처럼 눈앞에 나타난다. 공화국 입구에는 입국 심사대가 생기고 방문객들의 여권에는 우주피스 공화국의 직인이 찍힌다. 뿐만 아니라 이날은 우주피스 공화국 곳곳에 벽화와 예술 작품이 전시되며 나라 전체가 축제 분위기가 된다. 리투아니아 대통령도 매년 축하 사절단과 함께 직접 방문한다.

1년에 딱 하루만 존재하는 나라이지만 전 세계에 200여 명의 우주피스 공화국 대사관들이 활동하고 있다. 한국 대사는 소설 '경마장 가는 길'의 저자 하일지 작가다.

예술가들에 의해 재미로 시작한 이벤트가 전 세계에 알려져 관광객들을 모으고 리투아니아의 빈민가를 자유와 예술이 가득한 곳으로 바꿔 놓았다. 그야말로 거짓말 같은 변화를 만든 것이다.

우주피스 공화국의 탄생 배경을 알게 되자 '마을의 스토리를 이렇게도 만들 수 있구나' 하는 생각이 들었다. 입구를 지나 안쪽으로 들어가 보니 다양한 예술 작품들이 걸려 있고 예술가들이 직접 작품 활동을 하는 모습을 볼 수 있었다. 그들에게서는 자유분방함과 여유가 느껴졌다.

골목을 거닐다 눈에 들어온 것은 우주피스 공화국의 헌법이었다. 헌법 전문이 사람들이 다니는 길 벽면에 걸려 있었는데 다양한 국가의 언어로 번역되어 있었다. 반갑게도 한글 번역본이 있었다. 자세히 살펴보니 공화국 헌법은 41조로 구성되었고 35개 언어로 금속판에 새겨져 있

'우주피스 공화국'의 돼지 저금통과
한글 헌법

있는데 한글은 32번째에 있었다.

그 중 '10조, 모든 사람은 고양이를 사랑하고 돌볼 권리를 가진다', '13조, 고양이는 자기 주인을 절대적으로 사랑할 의무는 없으나 주인이 어려운 순간 꼭 도와줘야 한다'라는 헌법 조항은 유머러스하면서도 매우 인상적이었다.

마을 안쪽으로 조금 더 들어가니 돼지 저금통이 보였다. 구리로 만들어진 저금통은 기부용으로 안에는 우자스 화폐 외에 유로도 들어 있었다. 그 돈은 가난한 예술인들을 위해 쓰인다고 했다.

한참을 걷다 오래된 커피숍에 들러 잠시 여유를 즐겼다. '커피1 Coffee1'

이라는 이름의 카페로 우주피스 공화국과 관련된 머그컵과 다양한 원두를 팔고 있었는데, 아메리카노 한 잔의 가격이 1우자스로 매우 저렴했다.

짧은 여행이었지만 우주피스 공화국은 한때 빈민 지역이 어떻게 전세계의 관광객들을 모일 수 있게 했는지를 다시 한 번 생각하게 해주었다. 이미 우주피스 공화국은 리투아니아를 알리는 대단한 지역 브랜드가 되어 있었다.

국내에도 '작은 나라'라 불리는 남이섬의 '나미나라 공화국Naminara Republic'이 있다. 남이섬 위에 세워진 국가 개념을 표방하는 특수 관광지로 전 세계 관광객들에게 아름다운 동화와 노래를 선물하는 상상 공화국이다.

이곳도 우주피스 공화국처럼 국기와 우표, 전용 화폐, 고유 문자 등여러 가지 국가 상징물을 갖추고 있다. 지금도 충분히 매력적인 공간이지만 우주피스 공화국에서 벤치마킹하면 좋을 만한 요소들이 적지않다.

예를 들어, 우주피스 공화국처럼 1년에 단 하루라도 입국 심사대가만들어지고 방문객들의 여권에 나미나라 공화국의 직인을 찍어 주는것은 어떨까. 또는 해외에서의 대사관 활동이나 대통령 방문 등 하나의국가로서 역할을 하는 이벤트를 개최한다면? 국내뿐만 아니라 해외에도 더 많이 알려져 많은 관광객들을 유치할 수 있지 않을까.

폴란드 _ 쇼팽 박물관

부러움을 낳은 쇼팽에 대한 사랑

2019년 8월, 폴란드의 수도 바르샤바Warsaw로 떠난 여행에서 내게 특히 강한 인상을 남긴 곳이 있다. 바로 '쇼팽 박물관Muzeum Fryderyka Chopina' 이다.

폴란드는 강대국 독일과 러시아의 침략을 받는 시련을 견디고 다시 일어선 강인한 나라이다. 어쩐지 우리나라와 비슷한 역사를 가지고 있는 듯해 친근감이 느껴지는 곳이다.

폴란드는 역사적으로 유명한 과학자를 배출한 국가이기도 하다. 1400년대에 지구가 태양 둘레를 돈다는 지동설을 처음으로 주장한 천문학자 코페르니쿠스Copernicus와 최초의 방사성 원소를 발견해 노벨상을 받은 과학자 마리 퀴리Marie Curie 부인 등이 폴란드 출신이다.

하지만 폴란드 하면 머릿속에 가장 먼저 떠오르는 인물은 단연 프레데리크 프랑수아 쇼팽Frederic Francois Chopin이다. 1810년 3월 1일 폴란드에서 태어난 쇼팽은 전 세계적으로 가장 위대한 작곡가이자 피아니스트 중 한 사람으로 손꼽힌다. '피아노의 시인'이란 애칭을 가진 그는 어릴 때부터 피아노에 재능을 보여 7살 때 두 개의 폴로네이즈Polonez*를

---

* 폴란드의 춤곡으로 보통의 속도는 4분의 3박자로 악절의 마침(終止)이 제1박에서 끝나지 않는 여성마침(女性終止)을 쓰며, 특징 있는 반주 리듬을 갖고 있는 것이 특징이다.

곳곳에서 쇼팽을 만날 수 있는 도시 바르샤바

쇼팽의 음악이 흘러나오는 벤치

쇼팽의 심장이 묻힌 곳

쇼팽 콩쿠르 수상자 연주 영상

쇼팽 박물관 티켓

작곡할 정도였다. 당시 폴란드 언론은 "천재는 독일이나 오스트리아에서만 태어나는 것으로 알았지만, 우리나라에도 드디어 천재가 태어났다"라고 보도했다고 한다.

그러나 쇼팽은 불행히도 스무 살에 바르샤바를 떠난 후 죽을 때까지 폴란드로 돌아오지 못했다. 러시아와 프로이센Preussen의 침략을 받아 오스트리아에 의해 합병된 폴란드는 쇼팽이 죽고 난 1918년이 되어서야 비로소 독립국이 되었기 때문이다.

폴란드를 향한 쇼팽의 그리움과 애국심은 각별했다. 그는 죽거든 심장만 꺼내 폴란드에 묻어 달라고 누나에게 부탁했다고 한다. 실제로 쇼팽의 심장은 항아리에 담겨 1882년 성 십자가 교회Kosciol Swietego Krzyza에 모셔졌다.

폴란드인들의 쇼팽에 대한 사랑 또한 각별하다. 바르샤바 주요 지역에 쇼팽의 이름을 딴 도로가 있고 도시 곳곳에 쇼팽 벤치를 설치하여 버튼을 누르면 쇼팽의 음악을 들을 수 있도록 해두었다. 바르샤바를 여행하면서 도시 곳곳에서 쇼팽의 자취를 느낄 수 있었다.

쇼팽의 흔적을 좀 더 찾아보기 위해 쇼팽 박물관을 방문했는데, 1810년에 세워진 이곳은 실제로 쇼팽이 1826년부터 1829년까지 공부한 장소였다. 쇼팽이 직접 쓴 악보와 그의 사진, 피아노, 개인 편지 등이 전시되어 있었고 매년 열리는 쇼팽 콩쿠르 수상자의 피아노 연주를 영상으로 만날 수 있었다.

이 박물관이 인상 깊었던 또 다른 이유는 첨단 기술이 적용된 박물관이라는 점 때문이었다. 입장할 때 받은 티켓을 모니터에 대면 쇼팽의 여러 음악들을 차례대로 들을 수 있었는데, 지하 1층에는 악보를 세우면 자동으로 쇼팽 곡을 연주하는 피아노도 있었다. 2층에 있는 서랍을 열면 안에 든 악보를 음악으로 들려주는 마이크가 나타났다.

나는 3시간 동안 여유를 가지고 쇼팽의 다양한 곡들을 혼자서 차분히 즐겼다. 바르샤바 곳곳에서 느낀 폴란드인들의 쇼팽에 대한 사랑과 존경심에 박물관의 경험이 더해져 끊임없는 침략의 불행한 역사를 가진 폴란드를 부러움 가득한 문화 강국으로 느끼게 해주었다.

과연 우리나라에도 전 국민에게 사랑받고 존경받는 역사적 인물이 존재하는가. 쇼팽과 같은 역사적 인물에 대한 퍼스널 브랜딩을 해보면 어떨까. 나는 이런 고민들을 하며 박물관을 떠났다.

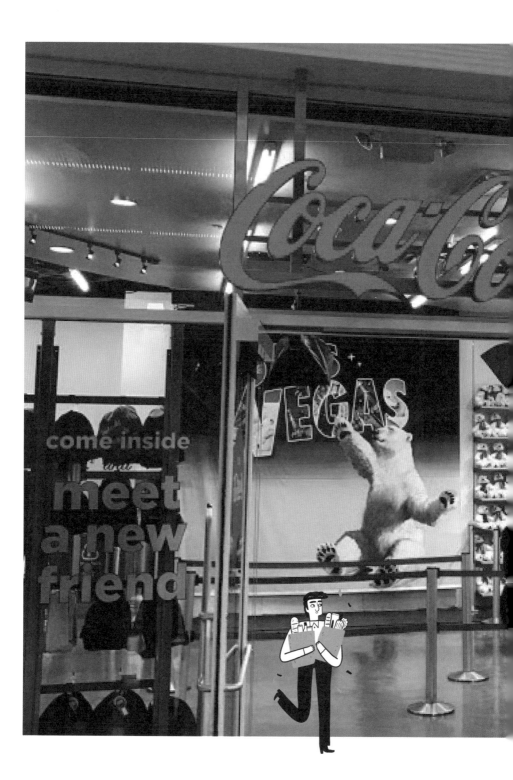

Shop

PART 4

소비자는 금지된 것을
갈망한다

미국 _ 슈거랜즈

숨어서 기울이는 술잔의 짜릿함

한국과 같이 미국에도 가을에는 단풍을 보기 위해 산을 찾는 여행객들이 급증한다. 특히 테네시주와 노스캐롤라이나주에 걸쳐 있는 미국 동부지역의 유명한 단풍 관광지인 그레이트 스모키 마운틴 국립공원Great Smoky Mountains National Park에는 미국 각지에서 몰려든 인파로 인해 극심한 도로 정체를 경험하기도 한다.

그 이름에서 느낄 수 있듯이 안개가 자욱한 이 산의 단풍은 한국처럼 강렬한 색채를 띠고 있지는 않지만, 엄청난 규모로 인해 보는 사람들마다 "우와"하고 탄성을 자아내게 된다. 또한 동물 보호가 잘된 덕분에 곳곳에서 야생 칠면조, 다람쥐, 사슴을 볼 수 있고, 운이 좋으면 이곳의 상징적 캐릭터가 된 흑곰을 만날 수도 있다. 나도 운이 좋게 엄마 곰과 함께 풀을 뜯고 있는 아기 곰을 볼 수 있었다.

워낙 방대한 규모인 만큼 산을 둘러싼 곳곳에 숙박시설들이 자리잡고 있으나 테네시주에 위치한 개틀린버그Gatlinburg라는 조그마한 마을이 특히 등산객들에게 인기가 높다. 벽난로가 있는 로지에서 하룻밤을 보내며 못 다한 얘기들도 나누고, 아기자기한 소품들로 꾸며진 여러 상점들을 구경하다 출출해지면 바비큐 립이 유명한 레스토랑으로 자리를 옮겨 식사하는 모습이 상상만으로도 매우 정겹게 느껴진다.

하지만 개틀린버그에서 반드시 가봐야 할 명소로 강력히 추천되는 곳은 이런 로맨틱한 분위기와는 조금 거리가 있다. 바로 '문샤인Moonshine'이라 불리는 위스키를 시음하고 구매할 수 있는 술 가게이다. 과거 금주령이 내려졌을 때 달빛 아래 숨어서 위스키를 몰래 만들어 먹었다고 하여 붙여진 이름이 문샤인이다.

개틀린버그 곳곳에 다양한 재료를 사용하여 만든 문샤인을 판매하는 곳이 있는데, 나는 그 중 가장 유명한 곳 중 하나로 손꼽히는 '슈거랜즈SUGARLANDS'라는 곳에 다녀왔다. 매장 입구에서 5달러를 내고 신분증 검사를 마치고 나면 놀이동산에서나 볼 법한 종이 팔찌를 하나 채워준다.

매장에는 카지노 도박장을 연상하게 하는 4~5개의 원탁 테이블이 놓여 있다. 그 중 안내받은 테이블로 갔더니 중앙에 가이드를 중심으로

금주령 시대의 문샤인을 판매하는 '슈거랜즈'

매장 벽면을 가득 채운 문샤인

매장 입장 팔찌

10여 명이 둥글게 원을 그리고 서 있었다. 가이드는 12가지 종류의 위스키를 하나씩 설명하며 소주잔 4분의 1 크기의 플라스틱 잔에 차례로 채워 줬다.

모두의 술잔이 채워지면 가이드의 지시에 따라 함께 구호를 외치며 원 샷을 한다. 처음에는 쑥스러워 멀뚱히 서 있다 50~100도 되는 위스키를 6잔쯤 마시고 나면 옆 사람과 위스키 맛에 대해 가벼운 대화도 나누는 신기한 체험을 할 수 있다.

12잔을 다 마시고 마침내 시음이 끝나면 팔찌를 5달러 할인 쿠폰으로 사용하여 마셔본 위스키 중 마음에 드는 것을 20달러에 구매할 수 있다. 매장 벽면 전체가 다양한 위스키 종류들로 꽉 채워져 있는데, 과거에 사람들이 달빛 아래 숨어서 위스키를 만들어 먹는 모습이 상상되어 왠지 모를 웃음이 나왔다.

문샤인은 어떻게 개틀린버그를 대표하는 명소가 될 수 있었을까. 물론 여러 가지 맛의 위스키를 시음하는 기억에 남을 체험 요소를 만들어 낸 덕분이기도 하지만, 무엇보다도 금지된 것을 갈망하는 인간의 마음을 브랜드 스토리에 잘 녹아내었기 때문이라는 생각이 들었다. 문샤인에 담긴 스토리 없이 단순히 이 지역 사람들이 오래전부터 만들어 마시던 위스키를 체험하는 것만으로는 지금처럼 큰 인기를 누리지는 못했을 것이다.

사람들은 할 수 없는 것, 가질 수 없는 것에 더 호기심을 가지고 갈망하는 경향이 있다. 1960년대 잭 브렘Jack Brehm이라는 심리학자는 이를 심리적 반발 이론Psychological Reactance Theory으로 설명하였다. 인간의 자유를 제한하면 원상태로 되돌리고자 하는 심리적 반항이 생기고 이는 새로운 행동의 동기로 작용할 수 있다는 것이다.

중고등학생 때에는 19금 영화를 보고 싶어 온갖 수단을 동원하지만 막상 대학생이 되면 심드렁해지거나, 평소에 관심이 없는 가수의 노래도 금지곡으로 판정받았다고 하면 굳이 찾아서 들어보고 싶은 것과 같은 이치이다.

자신의 거주지 가까이에 있는 유명 관광지를 한 번도 가보지 않은 사람이 지인들이 방문할 때 비로소 함께 동행해서 처음 가보는 경우도 많이 있다. 이는 타 지역의 방문객들과 달리 현지인들은 언제든 마음만 먹으면 갈 수 있다는 자율성이 있어 행동 동기가 낮기 때문이다.

그런데 흥미로운 것은 자율성의 제한이 단순히 감정적 반항만을 일으키는 것이 아니라, 실제로 자유를 제한당한 대상을 더 가치 있게 여기는 인지적 판단을 유도할 수 있다는 점이다. 즉 그냥 못하게 하니 더 하고 싶은 게 아니라, 실제로 더 합리적인 선택이라 믿게 된다는 말이다. 1970년대 미국 플로리다Florida주에서 진행된 연구 결과는 이를 잘 보여준다.

마이애미Miami시에서는 인燐 성분이 들어간 가루비누의 사용을 환경 보호의 이유로 제한한 적이 있다. 하지만 같은 주의 템파Tampa시에서는 가루비누의 생산과 판매가 여전히 허용되고 있었다. 흥미로운 것은 템파시와 달리 마이애미시에 거주하는 사람들은 인이 들어간 가루비누가 일반 비누에 비해 세척력이 더 뛰어나다고 믿었다는 점이다. 즉 자율성의 제한이 제품 품질에 대한 인식을 변화시킨 것이다.

한편 일반적으로 자유가 제한된 대상을 얻기 위해서는 소비자가 더 많은 금전적, 비금전적 비용들을 부담해야 한다. 이는 소비자가 구매 후 심리적으로 불편함을 느끼는 인지 부조화Cognitive Dissonance를 겪게 될 가능성이 높음을 의미한다. 따라서 소비자는 이를 해결하기 위해 스스로 노력하는 경향이 있다. 즉 큰 노력을 들여서 얻은 제품이 만족스럽지 못한 경우 심리적 갈등과 후회로 고통받을 수 있기 때문에 구매한 제품을 실제보다 더 긍정적으로 해석하려는 경향이 강해진다.

나는 올랜도Orlando의 디즈니월드에 갔을 때 영화 아바타의 놀이기구를 타기 위해 2시간 30분을 기다려야 했다. 디즈니의 테마파크는 도쿄, LA, 홍콩, 파리 등 여러 곳에 있지만 영화 '아바타'에 나오는 새처럼 생긴 공룡을 타고 다른 나비족들과 같이 마을을 누비는 4D 경험을 할 수 있는 곳은 이곳밖에 없었다.

그 특별한 경험을 위해 어린 아들과 함께 기다리는 과정은 무척이나 힘들었다. 그리고 마침내 놀이기구를 타고 난 후 지친 몸을 이끌고 해당 시설을 빠져나오며 충분히 기다릴 만한 가치가 있었다고 서로를 위로했다. 그런데 지금 생각해 보면 정말 2시간 30분을 기다릴 만한 가치가 있었을까 싶다. 다만 우리는 선택에 대한 후회를 하고 싶지 않았기에 인지 부조화를 스스로 해결하고자 노력한 것이 아니었을까.

머리가 아닌
마음을 두드리는 브랜드

태국 _ 엘리펀트 퍼레이드
코끼리를 구하는 사회적 기업

나는 태국의 치앙마이를 여행하던 중 길거리에서 화려한 색감을 뽐내는 큰 코끼리 동상Statue을 발견하고 발걸음을 멈췄다. '엘리펀트 퍼레이드Elephant Parade.' 처음에는 코끼리와 관련된 캐릭터 제품들을 판매하는 곳이라 생각하고 매장에 들어섰지만 잔잔한 마음의 울림을 느낄 수 있는 공간이었다. 한쪽 다리에 의족을 하고 있는 코끼리 사진들과 인형들을 보면서 '아, 뭔가 특별한 스토리가 있겠는데' 하는 생각이 들어 매장 곳곳에 있는 안내문들을 유심히 살펴보고 스마트폰을 꺼내 검색해 보았다.

엘리펀트 퍼레이드는 마크Marc와 마이크Mike라는 아버지와 아들이 태국을 여행하던 중 '모샤Mosha'라 불리는 아기 코끼리가 지뢰를 밟아 다리의 일부가 절단된 모습을 보고 어려움에 처한 코끼리를 지속적으로 후원할 수 있는 방법을 고민한 결과 탄생한 사회적 기업이었다.

2006년 설립된 엘리펀트 퍼레이드는 '더 밝은 미래를 색칠하자 Let's paint a brighter future'라는 슬로건 아래 예술Art, 비즈니스Business, 보존 Conservation을 의미하는 ABC 비즈니스를 하고 있었다. 즉 예술가들이 형형색색의 화려하고 멋진 코끼리 동상을 제작하여 세계 각지(예를 들어 2020년 스위스 투어)에서 전시회를 개최한 후, 전시된 코끼리 동상을 경매를 통해 판매하고 수익금의 일부를 코끼리 보존 사업에 투자하는 것이다.

전시 후 진행되는 경매뿐 아니라 매장에서 각종 코끼리 관련 제품 판매로 얻은 전체 수익의 20%를 코끼리 보존 사업에 기부한다. 또한 치앙마이에 있는 엘리펀트 퍼레이드 랜드Elephant Parade Land에 가면 엘리펀트 퍼레이드의 히스토리를 담은 박물관뿐 아니라 예술가들이 다양한 코끼리 작품을 만드는 모습을 직접 구경할 수 있으며, 미리 예약하면 직접 자신만의 코끼리 동상을 만들어 보는 워크숍에도 참여할 수 있다. 물론 매장에서도 코끼리 인형을 직접 만들 수 있는 체험 키트 상품을 판매한다.

코끼리는 전 국민 90%가 불교를 믿는 불교 국가인 태국을 대표하는 동물이다. 오랫동안 임신을 못하던 석가모니 모친이 상아가 6개인 흰

태국의 수호신 코끼리를 보호하는 '엘리펀트 퍼레이드'

코끼리가 자궁으로 들어오는 태몽을 꾸고 석가를 잉태한 것으로 전해
지면서, 한때는 하얀 코끼리의 숫자가 태국 왕실의 위엄을 나타내는 표
상이 되기도 했다. 지금도 태국 왕궁과 사찰 곳곳에서 흰 코끼리를 신성
시하는 조각과 그림들을 볼 수 있다.

하지만 흰 코끼리와 달리 일반 코끼리는 전쟁과 노동에 동원되었고,
특히 벌목사업이 법으로 금지되기 전까지는 나무를 나르는 주요한 노

동력이었다. 한때 태국에서 10만 마리가 넘었던 코끼리의 수는 이제 5000마리도 채 되지 않는다. 게다가 대부분 관광 사업에 동원되고 있고 코끼리에게 행해지는 여러 가혹행위 때문에 환경보호가들이 크게 우려하고 있는 상황이다.

나는 치앙마이를 방문하기 오래전 태국의 끄라비Krabi 여행을 다녀왔다. 끄라비는 개인적으로 보라카이의 비치들이나 칸쿤의 캐리비언 해변 못지않은 아름다운 바다를 가진 곳으로 기억된다. 어쩌면 당시만 해도 동양인들이 거의 없는 잘 알려지지 않은 곳이라 그랬는지도 모르겠다. 보트를 타고 여러 섬을 오가며 기암절벽으로 둘러싸인 해변가에서 바다 속이 훤히 들여다 보이는 깨끗한 물에 몸을 담그고 스노클링을 하던 때를 잊을 수가 없다.

하지만 끄라비를 생각하면 이런 아름다운 기억과 함께 늘 마음 아픈 장면들이 함께 떠오른다. 바로 태어나서 처음 해본 코끼리 트래킹의 경험이다.

내가 예약한 코끼리 트래킹은 아기 코끼리의 댄스를 본 후 큰 코끼리를 타고 약 30분간 정글 숲을 투어하는 상품이었다. 무척이나 귀엽고 예쁠 것 같았던 아기 코끼리의 모습은 기대와 달리 매우 지치고 힘겨워 보여 안쓰러웠고, 댄스가 아니라 조련사의 뾰쪽한 막대기에 위협을 당해 정신을 잃고 몸을 흔드는 모습으로 느껴졌다. 함께 있던 아내는 조련사의 표정도, 코끼리의 춤추는 모습도 너무 위협적이고 무섭다고 말했다.

아기 코끼리의 댄스 공연이 끝나자 우리는 큰 코끼리를 타고 정글 숲 속으로 들어갔는데 코끼리는 배가 고팠는지 가끔 옆에 있는 풀을 뜯느라 길을 멈추곤 했다. 그때마다 조련사는 막대기로 코끼리를 위협했고 코끼리는 다시 빠르게 발걸음을 옮겨야 했다. 마지막 종착지에 도달하자 조련사는 코끼리에서 먹이로 줄 수 있는 바나나를 팔았다. 내가 바나나 한 송이를 사서 코끼리에게 주자 허겁지겁 먹어 치웠다.

한국으로 돌아와 알게 된 사실이지만 일부 조련사들은 바나나를 많이 팔기 위해 투어 전에 일부러 코끼리를 굶기는 경우도 있다고 했다. 그 사실을 알게 된 후 강한 죄책감이 밀려왔고 끄라비의 아름다웠던 추억에 큰 오점으로 기억되었다.

다행히도 최근에는 코끼리 트래킹이 아닌 코끼리와 물놀이를 함께 하고 먹이를 주며 같이 놀 수 있는 프로그램이 인기를 끌고 있다고 한다. 몇 년 후 치앙마이에서 만난 엘리펀트 퍼레이드는 끄라비에서 가졌던 코끼리에 대한 안쓰러움과 죄책감을 다시 떠오르게 했기에 브랜드가 추구하는 미션에 크게 공감할 수 있었다.

한편으로는 코끼리에 대한 관광객들의 기억이 온전히 아름다울 수 없는 태국의 현실이 안타깝게 느껴졌다. 우리는 태국을 여행할 때 곳곳에서 코끼리 관련 제품들을 만난다. 코끼리 인형, 열쇠고리, 저금통 등은 물론이고 여름철 시원한 코끼리 바지는 태국을 방문하는 여행객이라면 반드시 구매해야 하는 필수 아이템으로 손꼽힌다.

하지만 아픔을 겪고 있는 고단한 태국 코끼리의 삶의 이면을 알게 되면 여행 중 곳곳에서 만나는 각종 코끼리 제품들이 마냥 반갑지만은 않다. 마치 브랜드의 캐릭터가 손상되면 제품 이미지에 부정적 영향을 미치는 것과 같이, 코끼리에 대한 부정적 기억들은 태국의 국가 이미지를 훼손할 수 있다.

때문에 엘리펀트 퍼레이드와 같은 사회적 기업이 반가우면서도 그 기업이 더이상 존재할 이유가 없는 태국이 되어야 모두가 행복할 수 있다는 사실이 아이러니하게 생각된다. 지금 이 글을 쓰고 있는 순간에도 한쪽 다리를 잃은 모샤의 사진 너머로 끄라비에서 보았던 지치고 힘든 아기 코끼리가 겹쳐 보이는 것 같아 마음이 좋지 않다.

멕시코 _ 프리즌 아트
수감자를 돕는 문신 디자인 제품

멕시코의 칸쿤 국제공항에서 미국으로 돌아오는 비행기를 기다리던 나는 우연히 '프리즌 아트Prison Art'라는 매장을 보게 되었다. 해골의 로고를 가진 프리즌 아트는 멀리서 보아도 어둠의 기운이 스멀스멀 느껴지는 매우 특이한 브랜드였다. 매장을 둘러보니 가방, 지갑 등에 사람의

수감자들을 돕는 사회적 기업 '프리즌 아트'

문신과 같은 독특한 디자인 패턴이 새겨져 있었다.

프리즌 아트는 2012년 조르지 쿠에토Jorge Cueto가 감옥 수감자들을 돕기 위해 만든 멕시코의 가죽제품 전문 브랜드이다. 그는 무죄 판결을 받기 전 11개월 동안 감옥에서 지내면서 수감자들이 겪는 경제적 어려움을 직접 경험할 수 있었다. 그들은 당장 남겨진 가족들의 생활고를 걱정하고, 출소한 후에도 범죄자라는 낙인이 찍혀 재취업에 어려움을 겪고 있었다.

'수감자들이 가장 잘할 수 있는 일은 무엇일까.' 깊이 고민하던 그는 수감자들이 문신을 새기는 능력이 탁월하다는 사실을 알게 되었고 사람의 몸이 아닌 가죽에 문신을 새길 수 있는 기계를 만들어 제품에 문신을 새기는 프로젝트를 고안하게 되었다. 현재 감옥에 수감 중이거나 과거 감옥에 수감된 이력이 있는 사람들이 제작하는 프리즌 아트의 핸드메이드 가죽 제품은 어떤 브랜드도 쉽게 따라하지 못하는 독특한 매력을 가지고 있었다.

현재 멕시코의 6개 감옥에서 프로젝트가 진행되고 있으며 약 240명의 전현직 수감자들이 참여하고 있다. 프로젝트에 참여하는 수감자들은 한 달에 400달러의 소득을 얻게 되는데 이는 감옥에서 할 수 있는 그 어떤 일보다도 높은 소득이라고 한다. 2020년 3월 현재, 멕시코뿐 아니라 스페인, 오스트리아, 독일에 총 15개의 매장을 가지고 있으며 칸쿤 공항에만 3개의 매장이 있다.

창립자이자 CEO인 조르지 쿠에토는 수감자를 돕기 위해 어떤 기부를 할지 고민하지 말고 프리즌 아트의 제품을 많이 구매해 달라고 요청한다. 그들에게 경제적 도움을 주고 재활을 도울 수 있는 가장 효과적인 방법이기 때문이다.

해골이나 문신과 같은 어두운 면을 독특한 디자인으로 부각시키는 이 브랜드는 온정의 브랜드 스토리와 결합되면서 묘한 매력을 주었다. 우산 하나에 미화 200달러나 할 만큼 가격도 워낙 비쌌고, 밝은 디자인을 좋아하는 아내의 반대로 지갑을 열라는 마음의 소리를 외면해야 했지만 독특한 개성을 뽐내고 싶은 사람들에게 분명 매력적인 브랜드로 보였다.

지금은 고전을 하고 있지만 탐스슈즈가 한때 크게 유행할 수 있었던 것도 단순히 남을 돕는다는 이유가 아니라 신발의 디자인이 독특했기 때문이다. 사회적 의미를 담은 브랜드가 성공하기 위해서는 누구나 공감할 수 있는 브랜드의 탄생 스토리도 중요하지만, 제품 자체가 가진 강점이 있어야 한다. 사회적 의미는 타인에게 자신의 구매 이유를 합리화할 때 중요하지만 제품 자체의 개성은 스스로의 구매 합리화를 도와줄 수 있기 때문이다.

팔려고 하지 말고
기억에 남겨라

미국 _ 허쉬 · M&M

초콜릿에 대한 경험과 기억

나처럼 브랜드에 관심이 많은 사람들에게는 여행 중 만나는 브랜드 스토어Brand Store가 매우 흥미롭다. 물론 아이와 함께 여행을 다니다 보면 내가 가고 싶은 곳보다 아이의 취향을 먼저 고려해야 하기에 선택이 자유롭지 못한 어려움이 있다.

다행히도 우리 가족 모두가 가보고 싶어한 곳이 있었는데, 바로 초콜릿 브랜드인 M&M과 허쉬Hershey의 브랜드 스토어이다. 우리는 뉴욕 타임스퀘어에 있는 M&M 월드M&M World와 라스베이거스의 뉴욕뉴욕 호텔New York-New York Hotel and Casino에 있는 허쉬 초콜릿 월드Hershey's Chocolate World를 다녀왔다. 같은 초콜릿 브랜드라 유사한 점도 있었지만, 브랜드 스토어의 지향점에는 적지 않은 차이도 느껴졌다.

먼저 유사한 점은 두 매장 모두 소비자가 브랜드 경험에 좀 더 강한 의미를 부여할 수 있도록 개인화된 아이템Personalized Item을 판매하고 있었다는 사실이다. 허쉬 매장에서는 내 모습이 담긴 사진을 초콜릿바의 포장지에 넣어 나만의 초콜릿을 만들 수 있었고, M&M에서는 키오스크를 이용해 질문에 답을 하면 내가 관심 있는 주제나 원하는 메시지(예를 들어 Love, Laugh), 좋아하는 스포츠 등을 작은 M&M 알갱이 하나하나에 새겨주었다.

또한 둥근 기계에 올라서면 불빛이 빛나면서 마치 사람의 마음을 읽는 것 같은 분위기를 연출한 후, 가장 어울리는 M&M 초콜릿의 색깔을 알려주기도 했다(예를 들어 Your color mood is orange). 별것 아닌 것 같은 이 기계가 신기했는지 아이들은 줄을 서서 차례를 기다렸다. 기계가 알려준 초콜릿 색상은 사실 아무런 의미가 없지만, 벽면을 가득 메우고 있는 수많은 초콜릿들을 골라 담을 때 유용한 큐레이션 기능을 하는지도 모른다.

내가 느낀 두 매장의 가장 큰 차이는 초콜릿의 경험을 팔려고 하는 허쉬 매장과 달리, M&M은 브랜드에 대한 기억을 남기는 데 초점을 두고 있었다는 것이다. M&M은 귀엽고 익살스러운 캐릭터를 이용해 매장 곳곳에 사진을 찍고 싶을 만한 공간들을 만들어 두는 등 브랜드에 대한 경험을 극대화하기 노력한 모습들이 보였다.

또한 M&M이 초콜릿 브랜드라는 사실을 모르고 방문한다면 캐릭터

스토어라고 착각할 만큼 초콜릿 이외에 다양한 제품들을 판매하고 있었다. 덕분에 나도 M&M 캐릭터가 귀여운 포즈를 하고 있는 휴대용 선풍기를 하나 구매했다.

물론 허쉬의 매장에서도 초콜릿 이외의 제품이 판매되고 있었지만 다양성에 있어서는 확연한 차이가 있었고 상대적으로 초콜릿에 집중된 제품들이 많았다. 이러한 차이는 M&M 매장에는 없는 매장 내 카페에서 초콜릿을 입힌 과일 등을 판매하는 모습에서도 잘 드러났다. 물론 허쉬 매장에도 키세스Kisses 초콜릿의 캐릭터가 있지만 매장 인테리어와 제품들에 적극적으로 활용하고 있지 않았다.

두 매장의 차이는 매장 입구에 들어설 때 보이는 자유의 여신상 조형물에서도 드러났다. M&M은 익살스런 캐릭터로 자유의 여신상을 해학적으로 표현한 반면, 허쉬는 초콜릿으로 실제 자유의 여신상과 매우 비슷한 모습을 표현했다.* 관점에 따라 차이가 있겠지만, 개인적으로는 초콜릿에만 집중하지 않고 브랜드에 대한 긍정적인 경험과 기억을 만드는 데 초점을 둔 M&M 매장이 훨씬 더 브랜드 스토어로서 제대로 된 기능을 하고 있는 것처럼 느껴졌다.

이는 M&M 매장에 다녀온 사람들의 후기에 더 많은 사진이 등장하

---

* 발 앞에 'Chocolate Liberty'라 쓰여진 허쉬 매장의 여신상은 실제 자유의 여신상과 달리 성화를 들고 있지 않은 반대 손에 허쉬 초콜릿바를 들고 있다. 두 매장 모두 자유의 여신상이 있었던 이유는 뉴욕에 있는 M&M 매장이었고, 허쉬 매장도 라스베이거스의 뉴욕을 테마로 한 지역에 위치하고 있었기 때문이다.

테마파크처럼 꾸며진
뉴욕의 'M&M'과 '허쉬' 매장

고 감정 표현이 풍부한 것만 봐도 알 수 있다. M&M은 보기만 해도 웃음이 나오는 장난기 가득한 캐릭터를 이용해 긍정적인 브랜드 개성 Brand Personality*을 만들고, 소비자에게 좀 더 친근하게 다가섬으로써 초콜릿을 넘어 더 넓은 영역으로 브랜드 확장Brand Extension을 할 수 있는

---

*제니퍼 아커Jennifer Aaker는 브랜드 개성을 '브랜드와 관련된 인간적인 특성들의 집합'이라 정의했다. 인간적 특성을 가진 브랜드들은 소비자들이 좀 더 친근하고 덜 위험하다고 생각하여 선호도가 높아진다. 캐릭터는 긍정적인 브랜드 개성을 창출할 수 있는 매우 유용한 도구이다.

가능성을 만들어 내고 있었다.

브랜드 스토어는 물건을 사러 오는 곳이 아니다. 경험을 하는 곳이다. 소비자와 함께 놀 수 있는 공간을 만들어야 브랜드의 노출이 증가하고 강한 기억으로 남을 수 있다.

허쉬 매장에 넘쳐나는 키세스 초콜릿을 보면서 떠오르는 곳이 있었다. 바로 필리핀의 보홀Bohol이라는 작은 섬에 있는 '초콜릿 힐Chocolate Hill'이다. 초콜릿 힐은 바닷속에 쌓여 있던 산호섬들이 솟아올라 만들어진 1270여 개의 키세스 초콜릿 모양의 언덕이다. 건기가 되면 푸른 빛이 사라지며 색깔마저 초콜릿 색을 띠게 되어 이름의 의미가 더 분명해진다.

초콜릿 힐을 처음 봤을 때 자연이 만들어 낸 위대한 광경에 저절로 감탄이 나왔다. 또 한편으로 정말 기가 막히게 이름을 잘 지었다는 생각도 들었다. 나는 허쉬가 초콜릿 힐을 이용한 마케팅을 해보면 어떨까 하는 엉뚱한 상상을 해보았다.

초콜릿 힐 앞에 키세스 초콜릿을 판매하는 브랜드 스토어를 오픈해보면 어떨까. 유명 관광지인 라스베이거스의 매장처럼 많은 사람들이 방문하지는 않겠지만 물건을 팔기 위한 목적이 아니라면 충분히 의미있는 시도가 될 수 있을 것 같았다.

예를 들어 '세상에서 가장 작은 초콜릿 가게'와 같은 콘셉트로 매장을 연다면, 직접 다녀온 소수의 사람들이 인터넷을 통해 전하는 구전효

과만으로도 충분히 브랜드에 대한 새로운 경험을 제공하려는 브랜드 스토어의 역할을 해낼 수 있을 것이다.

또한 라스베이거스의 매장에서 다양한 체험 이벤트를 통해 당첨된 사람들에게 실제로 초콜릿 힐을 다녀올 수 있는 여행 상품을 선물하고, 그들이 초콜릿 힐에서 찍은 행복한 사진들을 매장에 전시해 보면 어떨까. 초콜릿 힐이라는 키세스의 새로운 제품들을 함께 팔면 더 좋을 것이다. 혼자 한참을 상상하며 즐거워하다 허쉬 매장을 빠져나왔다.

미국 _ 코카콜라
콜라를 싫어해도 즐거운 곳

라스베이거스를 여행할 때 빼놓을 수 없는 명소 중 하나가 '코카콜라 스토어'이다. 흔히 코카콜라에 관한 모든 것을 볼 수 있는 아틀란타에 위치한 '월드 오브 코카콜라World of Cocacola'*를 다녀왔다면 라스베이거스의 코카콜라 스토어를 굳이 찾아갈 필요는 없다고 말한다. 하지만 아

---

* 상업적인 브랜드의 박물관을 비싼 입장료(성인 16달러, 어린이 12달러)를 내고 들어간다는 것이 놀라웠고 코카콜라의 브랜드파워를 느낄 수 있었다. 물론 나처럼 콜라를 전혀 마시지 않는 사람들에게는 크게 매력적이지 않은 공간일 수 있다.

마니아가 아니어도 흥미로운 '코카콜라 스토어'

시아에 유일한 도쿄의 코카콜라 스토어보다는 규모나 상품의 다양성 면에서 만족스러운 곳으로 알려져 있다.

나는 사실 탄산수를 제외하면 탄산음료를 마시지 않는다. 건강을 생각하기 때문이라기보다 강렬한 단맛 뒤에 찾아오는 이빨이 녹는 느낌이 싫기 때문이다. 그래서 사람들이 코카콜라와 펩시를 놓고 맛에 대한 선호도를 얘기할 때도 간장과 소금 중 어느 것이 더 좋은지에 대한 얘기로 들릴 뿐이다.

하지만 주변에는 의외로 코카콜라 마니아들이 많으며 그들에게 코카콜라 스토어는 열광을 부르는 공간이다. 코카콜라를 좋아하지 않는 나에게도 브랜드 스토어는 흥미로운 공간이었다. 2층으로 된 매장 내에 열쇠고리, 마그넷, 볼펜, 립밤, 모자, 옷, 저금통, 텀블러 등 일일이 나열하기도 힘들 만큼 종류가 다양하고 선물용으로 구매하면 좋을 만한 예쁜 아이템들이 많았다.

심지어 매장 내에 있는 휴지통까지 코카콜라 병 모양을 하고 있었다. 세계 각지 언어로 브랜드 네임을 새겨놓은 럭비공들 사이에서 '코카콜라'라는 한글을 발견하니 반가웠다. 매장을 방문했을 때는 미처 발견하지 못했지만 블로그를 검색해 보니, 어떤 제품이 들어 있는지 알 수 없는 3가지 가격대(2.99, 4.99, 8.99달러)의 서프라이즈 박스도 판매한다고 한다.

매장에서 유독 눈을 사로잡는 것은 브랜드 캐릭터인 북극곰이었다. 크고 작은 북극곰 인형들이 지나치게 강렬해 보이는 코카콜라의 붉은 색들로 도배된 매장을 부드럽고 따뜻하게 느끼게 해주었다. 물론 유료이지만 사람보다 훨씬 큰 움직이는 북극곰 인형과 사진을 촬영할 수도 있었다.

사실 매장에서 가장 오래 머문 곳은 2층에 있는 카페였다. 사람들이 잔뜩 줄을 서 있길래 뭔가 특별한 것이 있겠구나 싶어 유심히 봤더니, 작은 잔에 다양한 맛의 코카콜라 제품들을 담은 트레이Tray를 판매하고 있었다. 미국 국내에서 판매되는 8종류의 코카콜라 제품들을 담은 아이스크림 플로트 트레이Ice Cream Float Tray와 세계 각지에서 판매되는 16종류의 제품들을 담은 인터내셔널 트레이International Tray 두 종류였다.

워낙 탄산음료를 싫어하는 터라 몇 번을 먹어볼까 망설이다 포기하고, 제품을 구매한 주변 사람들의 모습을 관찰하기 시작했다. 주문한 트레이를 받아서 자리에 돌아오면 일단 트레이에 담긴 제품의 모습을 사진에 남기고, 한 잔씩 마실 때마다 놀란 표정, 실망한 표정을 지으며 사진을 찍는 모습은 보고만 있어도 즐거웠다.

코카콜라와 같은 경험적 혜택을 제공하는 브랜드Hedonic Product가 오랫동안 사랑받기 위해서는 소비자의 다양성 추구 욕구Variety-seeking Needs를 충족시킬 수 있어야 한다. 나는 브랜드 스토어에서만 판매하고 있는 이 제품을 실제로 판매한다면 어떨까 하는 상상을 해보았다. 도시락을 주문하면 함께 오는 작은 컵 생수처럼 포장을 해서 8개의 다양한 맛의 제품을 묶음으로 판매한다면 호기심 많은 소비자들의 사랑을 받을 수 있지 않을까. 나처럼 탄산음료를 싫어하는 사람들도 구매를 고려해 볼 만큼 매력적일 수 있다.

물론 포장 방법이며 유통 방법 등 넘어야 할 산이 적지 않겠지만 남들이 못하는 것을 해야 차별화된 브랜드 이미지를 만들 수 있다. 정식으로 출시하기 부담스럽다면 특별한 이벤트로 한시적으로 소비자의 반응을 보는 것은 어떨까. 이런 저런 상상을 하다 아들의 부름에 못 이겨 매장을 빠져나왔다.

다른 곳에는 없는
킬러 아이템

미국 _ 코스트코

주유하기 위해 마트에 간다?

코스트코Costco는 미국에서 지내는 동안 세 명밖에 되지 않는 우리 가족이 이용하기에 부담스러운 곳이었다. 대용량 벌크 단위로만 판매하는 탓이다. 미국에 도착한 지 얼마 지나지 않아 연회비 120달러를 내고 이그제큐티브Executive 회원에 가입했지만, 한 달도 채 되지 않아 60달러짜리 골드 스타Gold Star 회원으로 다운그레이드했다.

이후에도 한국에 없는 여러 마트를 둘러보고 다양한 경험을 하고 싶어 많아야 한 달에 두어 번 정도 방문했고 그조차 시간이 지날수록 점점 줄어들었다. 그래서 고객센터에 멤버십을 해지하러 갔더니 직원은 1년 내에 언제든 해지해도 연회비를 돌려받을 수 있으니 그냥 멤버십을 유지하면 어떠냐고 권했다. 한국의 코스트코와 비교하는 것도 흥미로울 것 같아 조금 더 기다려 보자는 생각에 일단 발길을 돌렸다.

이후 미국의 코스트코에는 한국과 달리 우리 가족처럼 작은 가구에도 매력적인 요소가 하나 있음을 발견했다. 바로 매장 옆에 붙어 있는 회원만 이용 가능한 주유소이다.* 미국 여러 지역을 돌아다니며 수없이 많은 곳에서 주유를 했지만 코스트코 주유소만큼 싼 곳은 거의 보지 못했다.

내가 살던 노스캐롤라이나North Carolina 지역을 기준으로 일반 주유소의 무연 휘발유 가격이 갤런당 2.5달러라면 코스트코는 2.1달러 정도였다. 15갤런이 들어가는 토요타 캠리를 기준으로 하면, 1회 주유 시 약 5달러가 절약되는 셈이다.

물론 5달러의 주유비를 아끼려고 굳이 먼 곳에 있는 코스트코를 찾아 가지는 않겠지만, 주말에 장을 보고 저렴하게 주유까지 할 수 있다(혹은 반대로 주유하러 가면서 장까지 볼 수 있다)고 생각하면 꽤나 매력적일 수 있다.

이는 다른 마트들이 계란, 우유 등의 식료품을 미끼 상품으로 두고 있는 것과는 차이가 있다. 계란, 우유는 코스트코에서도 살 수 있지만, 주유소를 끼고 있는 마트는 많지 않다. 뿐만 아니라 1.5달러로 맛있는 핫도그와 탄산음료를 먹으며 가볍게 식사를 해결할 수 있는 곳도 코스

---

* 주유소 이외에도 회원들에게만 저가에 제공되는 코스트코의 여행 상품은 인기가 높다. 특히 크루즈 상품과 렌터카 상품은 이용해 본 경험이 있는 주변인들이 매우 만족스러워했다.

트코가 거의 유일하다.

어느 날은 운전을 하고 가다 차의 기름이 거의 없다는 사실을 발견하고, 때마침 주위에 있던 코스트코에 주유를 하기 위해 들렀다. 기름을 넣고 나니 배가 고팠고, 코스트코에서 핫도그나 하나 먹자는 생각으로 들어갔다. 핫도그를 먹고 나니 여기까지 왔는데 소화도 시킬 겸 오랜만에 매장이나 한 번 둘러보고 가야겠다는 생각이 들었다. 그렇게 발을 들였다가 덜컥 480달러짜리 다이슨 청소기를 사고 말았다.

이 사실을 페이스북에 고했더니 마케팅 교수도 별 수 없다는 답글들이 달렸다. 소비자 행동 연구에서 말하는 일종의 행동 조형Shaping에 넘어간 것이다. 행동 조형이란 최종 목표 행동을 유도하기 위해 그 행동에 이르는 여러 과정들을 잘게 나누고 각각의 행동에 대한 보상을 함으로써 행동을 강화하는 전략을 말한다.

이는 동물들을 조련할 때 흔히 사용하는 것으로 알려져 있다. 예를 들어 서커스에서 호랑이가 불 속을 뛰어들게 하기 위해 가까이 접근하면 좋아하는 먹이를 주고 뛰어넘으면 또 먹이를 주는 식이다.*

주유, 장보기, 식사를 한 번에 해결할 수 있어서인지, 아니면 회원제로 가두리 양식 생태계를 구축한 덕분인지, 주말에는 큰 땅을 가진 미국에서도 주차할 공간이 없을 만큼 코스트코는 큰 인기를 누리고 있다.

---

* 다만 정말 이렇게 트레이닝 하는지에 대해서는 팩트 체크가 필요하다.

미국 _ 알디
월마트를 넘어선 가격 경쟁력

'리테일의 전쟁터'라 불리는 미국에서 살아남기 위해서는 다른 곳에 없는 매력 요소가 있어야 한다. 특히 먼 곳에 있는 고객들이 군이 그곳을 찾아오게 하려면 가격 경쟁력이나 킬러 아이템이 필요하다.

미국에서 지낼 때 차로 5분 거리의 매우 가까운 곳에 '퍼블릭스Publix :Food&Pharmacy'라는 마트가 있었다. 매장 곳곳에서 만나는 직원들이 밝은 표정으로 먼저 인사를 하고 계산이 완료된 카트를 차량까지 대신 끌고 가서 트렁크에 옮겨 실어줄 만큼 친절한 곳이다. 100세 할머니에게 거대한 생일 케이크를 무료로 만들어 주는 등 지역 사회 주민들과 교감하는 능력도 탁월해, 미국에서 이웃끼리 정보를 나누는 '넥스트 도어 Next Door'라는 소셜미디어에 칭찬하는 글이 자주 올라온다.

하지만 매장 안에 있는 약국을 이용할 때를 제외하면 사람들이 군이 이곳에 가야 할 이유는 없어 보였다. 그래서인지 경쟁사들의 쿠폰들도 받아주겠다는 광고 배너가 매장 안에 놓여 있었고, 특히 약국을 함께 운영해 직접 경쟁을 하고 있는 '해리스티터Harris Teeter'와 가격 비교를 하는 모습을 자주 볼 수 있었다. 내가 주로 이용했던 매장에서는 코로나19 때문에 사재기를 할 때를 제외하고는 주말에도 크게 붐비는 모습을 보지 못할 정도였다.

한때 초저가 전략Everyday Low Price으로 큰 인기를 끌었던 월마트 Walmart도 서서히 매력을 잃어가는 모습이다. 표정이 없는 직원들의 응대에도 고객들의 큰 불만이 없었던 것은 바로 가격 경쟁력이 있었기 때문이다. 하지만 몇 년 전부터 독일의 초저가 할인 마트인 알디Aldi가 그 자리를 대신하기 시작했다.

2019년 미국에서 알디를 방문했을 때, 지난 8년 동안 미국 소비자들이 월마트보다 알디의 가격 경쟁력을 높게 인식하고 있다(90% vs. 58%)는 배너 광고를 볼 수 있었다. 알디의 매장에서는 코카콜라, 스팸 등과 같은 유명 NBNational Brand 제품들은 찾아보기 힘들며, 90% 이상이 PBPrivate Brand 제품들이다. 그렇다고 품질 또한 나쁘지 않다. 직원 3~4명이 계산, 청소, 진열을 모두 담당할 만큼 매장의 규모는 작다.

알디는 미국에서 내가 본 유일하게 카트에 동전을 넣고 사용하는 시스템을 가지고 있는 마트였다. 25센트짜리 동전을 넣고 카트를 사용한 후 제자리에 가져다 놓고 동전을 찾아가는 시스템이다. 한국과 달리 워낙 카트를 아무 데나 던져놓고 가는 문화를 가진 미국에서 인건비 절감을 위한 선택으로 보였다.

물론 알디가 웬만한 마트들은 따라하기 힘든 가격의 강점을 가졌지만 약점들도 적지 않았다. 우선 월마트에 비해 제품 구색이 현저히 떨어졌다. 특히 매장 내에서 직접 조리해서 판매하는 제품들(예를 들어 로스트 치킨, 샌드위치 등)은 거의 없었다. 또한 직원 수가 한정되어 빠른 서비스 응

'알디'의 광고물

대가 불가능했다. 매장에 식초 한 병이 깨져 냄새가 진동을 했음에도 불구하고, 내가 그곳에 머무르는 30분 동안 아무도 치우는 사람이 없었다.

하지만 절대적인 가격 경쟁력은 무시할 수 없다. 내게는 간단한 장을 보는 데 알디만 한 곳이 없었다. 집에서 5분도 안 되는 가장 가까운 거리에 위치하기도 했지만, 다른 마트에서 일반 제품을 살 돈으로 알디에서는 유기농 제품을 살 수 있었기 때문이다.

가격 경쟁력을 잃은 월마트가 가진 매력 요소는 이제 여러 종류의 제품을 살 수 있다는 폭넓은 구색이다. 하지만 그것만으로는 고객이 찾아오도록 만드는 데 충분치 않다. 심지어 그 매력 요소마저도 온라인 쇼핑몰인 아마존에 의해 희석되어 가는 것으로 보인다.

그렇다고 이제 와서 코스트코와 같이 회원제를 통한 가두리 양식 생태계를 구축하기도 쉽지 않다. 아마존과 정면 승부를 펼치겠다며 수많은 온라인 쇼핑몰들을 흡수 합병한 월마트가 앞으로 어떻게 위기를 극복할지 주목되는 이유다.

미국 _ 리들·H마트·신라마트
감자칩 하나, 김치 하나가 고객을 부른다

미국에서 일 년을 보내는 동안 나는 '식료품을 다시 생각한다Rethink Grocery'라는 슬로건을 가진 독일 브랜드 '리들Lidl'에 가는 것을 좋아했다. 동네에 새롭게 생긴 매장이 깨끗하고 관리 상태가 좋았기 때문이기도 하지만, 저렴한 가격에 비해 매우 맛있는 빵을 판매하는 베이커리가 있었기 때문이다. 특히 처음 리들에 갔을 때 베이커리 앞에서 만난 미국 아주머니가 강추해서 먹어 본 헤이즐넛 크로와상은 중독성이 강했다.

리들을 좋아했던 또 다른 이유는 항상 너무 짜다고 느껴지는 미국 과자들과 달리 전혀 짜지 않고 맛있는 PB 감자칩이 있었기 때문이다. 심지어 가격도 NB의 절반 정도로 매우 저렴했다. 팬트리에 쌓아둔 감자칩이 떨어질 때면 여지없이 리들에 갈 때가 되었다고 생각했다. 가족들과 넷플릭스Netflix를 보며 먹던 리들 감자칩의 맛은 지금도 잊을 수 없다.

고객을 유인하는 '리들'의 차별화된 아이템들

　또한 리들은 독일 브랜드인 만큼 식용 달팽이와 같이 다른 마트에서 보기 힘든 유럽에서 직수입된 독특한 제품들을 구매할 수 있는 것도 매력적이었다. 이처럼 리들에는 확실한 킬러 아이템들이 있었기에 다른 마트들보다 먼 거리에 있었음에도 불구하고 자주 방문하곤 했다.

　사실 미국에서 지낼 때 방문 횟수뿐 아니라 구매액이 매우 높았던 곳은 한인 마트인 'H마트H mart'였다. H마트는 미국 마트들처럼 조건 없는 반품이 가능하지도 않고 가끔 유통기한이 지난 제품들을 판매해 한인들의 불평이 적지 않았음에도 불구하고, 이곳에서만 파는 각종 한국의 식재료, 반찬, 과자, 라면, 쌀, 만두 등을 사기 위해서는 먼 곳에 사는 사람들도 찾아오지 않을 수 없는 곳이었다.

한국보다 대체로 가격이 높긴 하지만 한국에서 아무것도 미리 준비해 올 필요가 없을 만큼 거의 모든 한국 제품들을 판매하고 있었다. 물론 특정 카테고리의 제품들은 우리가 한국에서 주로 구매하는 익숙한 브랜드들이 아니었다. 반면 지금은 한국에서 더이상 팔지 않는 추억의 브랜드(예를 들어 50세주)들을 볼 수 있는 즐거움도 있었다.

게다가 즉석 코너에서는 김밥, 떡볶이, 순대, 족발 등을 구매할 수 있었고, 매장 안에는 한국 베이커리 브랜드인 뚜레쥬르뿐 아니라 한식을 포함해 각종 아시아 음식들을 먹을 수 있는 푸드코트가 있었다.

사실 H마트 말고도 집에서 비슷한 거리에 또 다른 한인마트인 '신라마트Silla Oriental Market'가 있었다. H마트와 비교도 안 되는 수준의 작은 동네 슈퍼마켓이어서 당연히 물건의 종류가 적고 가격도 대체로 비싼 편이었다. 하지만 2주에 한 번씩 신라마트를 갈 수밖에 없는 이유가 있었다. 바로 신라마트에서 매주 직접 만들어 판매하는 김치 때문이었다.

개인마다 차이가 있겠지만 우리 가족에게는 공장에서 대량으로 만든 것처럼 보이는 H마트의 김치보다 신라마트의 김치가 더 입맛에 맞았다. 신라마트에 김치를 사러 갈 때면 H마트보다 가격이 비쌈에도 불구하고 다른 물건들도 함께 사서 돌아왔다. 이것이 바로 킬러 아이템이 가진 힘이다.

미국 _ 홀푸드

아마존의 가두리 양식장에 들어오다

몇 해 전 온라인 쇼핑몰 아마존에 의해 인수된 홀푸드Whole Foods는 미국인들에게 확실히 건강한 먹거리를 판매한다는 좋은 이미지를 가지고 있는 듯했다. 우리 가족에겐 홀푸드에서만 살 수 있는 특별한 킬러 아이템이 없음에도 불구하고, 홀푸드에서 파는 모든 제품들이 왠지 몸에 좋은 제품일 것이라 생각해 가끔 방문했다.

하지만 따지고 보면 홀푸드에서 판매하는 모든 제품이 유기농인 것도 아니고 동일한 제품의 가격이 다른 곳보다 비싼 경우도 많았다. 그럼에도 불구하고 홀푸드는 월마트와 같은 다른 마트들과 달리 마니아들이 적지 않았다. 대단한 브랜딩의 힘이다.

아마존에 인수된 이후 홀푸드를 방문했을 때 특히 시선을 사로잡은 것은 매장 곳곳에 '아마존 프라임Amazon Prime' 푯말을 걸어 두고 프라임 회원들에게 특별한 가격으로 제품을 구매할 수 있도록 혜택을 제공하는 모습이었다. 계산할 때 아마존 앱을 켜고 프라임 회원임을 인증하는 바코드를 찍으면 혜택을 받을 수 있다.

아마존은 연회비 119달러인 아마존 프라임이라는 멤버십 프로그램으로 500만 명이 넘는 고객을 철저하게 자신의 비즈니스 가두리 안에 넣고 보호(?)하고 있다. 프라임 회원들은 구매금액에 상관없이 익일 배

'홀푸드'의 아마존 프라임 회원 할인 광고

송을 받을 수 있으며,* 아마존에서만 이용할 수 있는 각종 콘텐츠(영화, 음악 등)를 이용할 수 있다. 또한 프라임 데이에는 블랙 프라이데이만큼 이나 크게 할인된 가격으로 제품을 구매할 수도 있다.

아마존은 구매력이 부족한 학생들을 대상으로 6개월 무료 프라임 회원 서비스(일반인은 1개월)를 제공하는데, 어릴 적부터 아마존의 저렴한 가격과 편리함에 맛 들이면 빠져나오기가 쉽지 않다.

게다가 홀푸드 매장에서 프라임 회원들이 누릴 수 있는 차별적인 혜

---

*넓은 미국에서의 익일 배송은 매력도가 상당히 높다. 작은 문구 하나를 사려고 해도 차를 타고 마트에 가야 하고 때로는 품절이라 빈손으로 돌아와야 한다. 아들이 학교에서 사용할 나무로 된 클립보드를 사기 위해 어디를 가야할지 고민이었다. 그래서 아마존 프라임에서 5달러를 내고 주문했는데 무료 배송으로 다음날 받을 수 있었다. 아마존 프라임은 빠른 배송 못지않게 다양한 종류의 제품을 '쉽게 찾을 수 있다'는 장점도 크다.

택은 아마존 프라임에 가입하고 유지해야 하는 또 다른 이유를 제시하고 있다. 내가 홀푸드에 갔을 때도 아마존 프라임 회원이 아니라면 소외감을 느낄 만큼 가격 할인 폭의 차이가 컸다.

또한 아마존에서 구매한 제품을 홀푸드 매장에서 픽업할 수 있도록 '아마존 록커'를 설치해 둔 모습도 볼 수 있었다. 홀푸드와 아마존은 온·오프라인의 경계를 허물며 고객들에게 더 나은 가치를 제공하기 위해 노력하고 있었다.

미국 _ 트레이더조
다른 데선 살 수 없는 PB의 힘

미국 마트를 얘기할 때 '트레이더조Trader Joe's'를 빼놓을 수 없다. 특별한 로열티 프로그램 없이도 홀푸드와 같이 유독 마니아층이 많은 리테일 브랜드이다. 1967년 미국 캘리포니아 파사데나Pasadena에 첫 매장을 오픈한 트레이더조는 창립자 조 콜럼비Joe Coulombe의 이름을 따서 브랜드가 만들어졌다. 창립자가 캐리비안을 여행하던 중 영감을 얻어 만들었다고 알려져 있듯 1950~1960년대 유행하던 티키문화Tiki Culture가 반영되어 하와이언 이미지를 매장 곳곳에서 발견할 수 있다.

트레이더조는 현재 미국 전역에 약 550개의 매장이 있으며, 가까운 곳에 매장이 없는 경우 구매대행이 일어나기도 할 만큼 인기가 높다. 그 비결은 무엇일까.

트레이더조를 좋아하는 이유는 개인마다 다르겠지만 매장 내 전체 제품의 약 80%를 차지하는 PB 제품이 큰 몫을 차지하는 것으로 보인다. 앞서 언급한 가격의 절대강자인 알디와는 비슷하지만 분명한 차이가 있다. 어쩌면 트레이더조가 오래 전 알디에 인수되었기 때문인지도 모른다.

우선 알디와 트레이더조 모두 매장의 규모가 매우 작다. 내가 방문했던 매장들은 이마트 에브리데이나 홈플러스 익스프레스보다도 작게 느껴졌다. 또한 PB 제품에 대한 의존도가 매우 높다. 하지만 알디의 PB는 저렴한 가격이 무기라면 트레이더조의 PB는 다른 매장에서는 찾아보기 힘든 독특한 아이템이 무기이다.

품목에 따라 차이는 있겠지만 그렇다고 트레이더조의 PB 제품이 홀푸드의 PB 제품365 Everyday Value보다 비싸지는 않다. 그래서인지 구글링을 해보면 유독 트레이더조에서 반드시 구매해야 하는 추천 제품에 대한 얘기가 많다. 특히 만다린 오렌지 치킨, 냉동 파전 등이 한국인들의 입맛에도 맞아 매우 인기가 높다.

처음 매장에 들어섰을 때 인상적이었던 것은 모든 제품에 대한 설명과 가격 표기가 예쁜 손글씨로 되어 있다는 점이었다. 낯선 글씨체가 금

방 눈에 들어오지 않아 다소 불편하기도 했지만 한편으론 좀 더 사람 냄새가 나고 따뜻한 느낌이 전달되어 좋았다.

트레이더조에는 이러한 인테리어 관리를 위한 매장 아티스트가 따로 있다고 한다. 주말에만 열리는 로컬 파머스 마켓Farmers Market과 비슷한 느낌이랄까. 손글씨 때문인지 동네 마켓에서 개인이 정성 들여 키운 제품들을 내놓고 파는 느낌을 받을 수 있었다.

또한 트레이더조는 매장 내 판매하는 모든 제품의 시식이 가능하다. 다른 마트들이 특정 항목들에 대해 정해진 시식을 하는 것과 달리, 직원을 불러 원하는 제품을 시식하고 싶다고 얘기하면 언제든지 시식을 할 수 있게 해준다. 사실 매장을 방문했을 때 직접 시식을 요청하는 고객들을 보지는 못했지만, 그런 선택권을 가졌다는 것만으로도 고객 지향적인 느낌을 강하게 느낄 수 있었다.

한편 하와이언 복장을 한 직원들은 자신의 물건을 파는 것처럼 매우 친절하고 에너지가 넘쳤다. 수많은 마트를 다녔지만 구매한 물건을 계산할 때 직원이 주말에 특별한 계획이 있는지 물어보며 미소 짓는 곳은 트레이더조가 유일했다. 계산하고 나오면서 보니 직원은 뒷사람이 구매한 과자를 가리키며 자기 애들도 좋아한다고 말을 걸고 있었다. 트레이더조는 직원이 고객과 친밀한 소통을 할 수 있도록 사교성이 좋고 말을 잘하는 사람들을 특별히 선발하여 교육을 시킨다고 한다.

하지만 나처럼 예민한(?) 소비자의 눈에 보일 수 있는 단점도 분명 있

아날로그 감성이 느껴지는 '트레이더조'의 손글씨 푯말

었다. 어쩌면 일반 소비자가 아니라 모니터링을 작정하고 방문한 탓에 그렇게 느껴졌는지도 모르겠다.

먼저 PB 제품의 원산지 표기가 불확실했다. 2~3개 국가를 애매하게 동시에 적어 둔 경우가 적지 않았다. 또한 건강하고 신선한 제품을 판매 한다는 이미지와 달리 꼼꼼히 따져보면 경쟁 브랜드의 제품들과 크게 다르지 않은 원재료를 사용한 제품들이 눈에 띄었다.* 예쁜 손 글씨 속 에 숨겨진 트레이더조의 감추고 싶은 비밀 같은 느낌이 들었다.

그럼에도 불구하고 소비자가 다른 곳에서 구할 수 없는 킬러 아이템의 PB를 가지고 있는 트레이더조의 매력을 거부하기는 쉽지 않아 보인다.

---

* 과거 식품회사에서 일한 경험이 있어 포장재를 꼼꼼하게 보는 편이다.

심지어 트레이더조를 좋아하는 사람들은 PB 제품의 제조업체를 표기하지 않은 것도 경쟁업체들이 따라하지 못하는 차별화 전략이라고 해석하기도 한다.

알디, 리들과 같은 브랜드들이 PB 제품을 가격 경쟁력을 확보하기 위한 도구로 사용한 반면 트레이더조는 킬러 아이템의 무기로 활용했다는 점은 높이 평가하고 싶다. 적어도 왜 트레이더조를 가야 하는지에 대한 이유를 명확히 제시해 주고 있기 때문이다.

옆사람이 즐거워야
쇼핑이 즐겁다

김지헌

미국 _ 리들·퍼블릭스

동심을 공략한 마케팅 커뮤니케이션

나는 미국에서 어린 아들을 데리고 마트에 가는 것을 좋아했다. 우리가 일상에서 먹고 사용하는 제품들에 대한 영어 표현들을 자연스레 공부시키고, 제품의 가격을 눈으로 확인하도록 하여 경제 관념을 심어주는 것이 교육에 도움이 된다고 생각했기 때문이다.

하지만 아들은 마트 가는 것을 유독 싫어했다. 아마도 '공부'를 시키려는 아빠의 의도가 탐탁치 않았기 때문일 것이다. 어느 날 이런 아들을 간신히 설득시켜 리들에 데리고 갔을 때의 일이다.

매장 입구에 들어서자 한쪽 코너에 '미래의 리들 고객을 위한 것 Future Lidl-er'이라고 적힌 깃발이 꽂혀 있는 작은 어린이 카트들이 모여 있는 것을 볼 수 있었다. 성인용 카트를 자동차처럼 만들어 아이들을 태울 수 있도록 만든 것은 간혹 보았지만, 이처럼 아이들을 위한 별도의 카트를 비치해 둔 곳은 처음이었다.

아들은 쇼핑 내내 그 카트를 끌고 다니며 자신이 원하는 시리얼, 과자 등을 담았다. 결국 절반은 다시 제자리에 돌려 놓아야 했지만 마치 어른들처럼 자신의 물건을 직접 골라 담을 수 있다는 생각에 꽤나 흥분해 있었다.

계산을 할 때 보니 두개의 카트를 이용한 탓에 평소 구매 금액보다 높게 나왔다. 미래의 고객을 잡으면서 현재의 매출도 높이는 똑똑한 전략이 아닐 수 없었다.

이러한 전략은 퍼블릭스에서도 발견할 수 있었다. 하루는 좋아하는 아이스크림을 사주겠다고 설득해 아들과 함께 퍼블릭스로 향했다. 물건을 고르는 동안 잠깐 안 보이던 녀석이 바나나 하나를 집어 들고 돌아왔다. 송이째 판매되는 바나나를 낱개로 뜯어온 줄 알고 혼을 내자 아들은 억울한 표정을 지으며 공짜로 주는 것인데 왜 혼내냐고 따져 물었다.

잠시 후 의심 가득한 표정으로 아들의 손에 끌려간 곳에서 '안녕하세요, 부모님들! 아이들은 건강에 좋은 간식으로 이 진열대에 있는 무료 과일 하나를 먹을 수 있습니다 Hi, Parents! Kids may enjoy one free piece of fruit from this bin as a healthy snack'라는 안내문이 적힌 진열대를 볼 수 있었다.

계산을 마친 후 종업원은 아들에게 예쁜 캐릭터 스티커 하나를 선물

'리들'의 어린이 전용 카트

'리들'과 '퍼블릭스'의 동심 공략 마케팅

아이들을 위한 '퍼블릭스'의 무료 과일

로 주었다. 아이의 눈높이에서 소통한 퍼블릭스 덕에 아들이 행복해 하니 쇼핑의 발걸음이 훨씬 가벼웠다.

미국 _ 샌어거스틴
구매 의사결정의 방해물을 제거

고객 접점 직원들이 아이들을 대상으로 마케팅을 할 때에는 주의할 점이 있다. 아이의 만족과 부모의 만족이 항상 같지는 않다는 점이다. 미국의 미용실에서 아들이 헤어컷을 한 후 계산을 하고 있는데, 헤어 디자이너가 아들에게 원하는 사탕이 있는지 물어보고는 지팡이 사탕의 껍질을 까서 입에 넣어 주었다. 얼핏 봐도 색소 덩어리라 말리고 싶었지만 이미 입에 들어가 달콤한 맛을 본 녀석은 결코 사탕을 포기하지 않았다. 비록 직원이 아이를 귀여워해 호의를 베푼 선한 행동이었지만, 부모 입장에서는 그리 유쾌하지 않았다.

다음 방문에서 같은 미용실의 다른 직원은 아들에게 사탕을 줘도 되는지 나에게 먼저 물어보았다. 아이가 조르는 탓에 어쩔 수 없이 허락을 해 비록 결과는 같았지만, 내가 느끼는 서비스의 만족도에는 분명한 차이가 있었다.

한번은 아들과 함께 플로리다주의 생어거스틴St. Augustine에 있는 미국에서 가장 오래된 성당을 방문했을 때 지인의 선물을 사기 위해 기프트숍에 들른 적이 있다. 신기한 물건들을 보고 호기심이 생겼는지 아들은 상점을 휘젓고 돌아다니며 계속 질문을 했고, 깨질 수 있는 물건들을 들었다 났다 반복하는 통에 정신이 하나도 없었다.

이를 지켜보던 직원이 다가와서는 아이를 자기가 잠시 데리고 다니면서 물건 구경을 시켜줄 테니 천천히 선물을 고르라고 했다. 나는 덕분에 15분도 채 안 되어서 원하는 제품을 구매할 수 있었고 직원의 배려에 매우 고마워하며 매장을 떠날 수 있었다. 아들도 내가 물건을 고르는 동안 직원이 여러 신기한 제품들의 사용 방법을 보여줘서 즐거웠다고 했다.

보통 아이와 함께 상점에 들어가면 직원들은 구매력이 있는 성인에게 다가가 그들을 목표로 마케팅 커뮤니케이션을 한다. 하지만 이때 아이에게 주의를 두고 있는 부모는 제품 정보에 집중하기 어렵기 때문에 구매 의사결정을 다음으로 미루고 돌아서는 경우가 적지 않다.

인간의 주의력에는 한계가 있다. 따라서 고객이 우리 제품에 온전히 집중할 수 있도록 고객의 시선을 사로잡고 있는 다른 방해물들을 신속하게 제거함으로써 구매 의사결정 과정에 도움을 줄 필요가 있다.

작은 디테일을
챙겨라

미국 _ 해리스티터

고객이 기분 좋고 직원에게도 좋은 서비스

나는 유럽이나 미국보다는 한국, 일본과 같은 아시아 국가들의 서비스 디테일이 뛰어나다고 생각한다. 하지만 고객을 응대하는 직원 개인의 태도와 역량이 아닌 시스템에 있어서는 아시아 국가들이 배울 점이 적지 않다. 약국과 식료품점을 함께 운영하고 있는 미국의 '해리스티터 Harris Teeter'는 직원들이 특별히 친절하다고 느껴지지는 않았지만 매장 곳곳에 고객들을 배려하는 작은 디테일이 인상적이었다.

　해리스티터는 윌리엄 토마스 해리스William Thomas Harris의 약국인 '해리스드럭Harris Drug'과 윌리스 티터Willis L. Teeter의 식료품점인 '티터푸드마켓Teeter Food Market'이 결합해 1936년 미국 노스캘로라이나 샬럿에 처음 문을 연 소매점으로 2019년 11월 기준 260개의 매장을 가지고 있다. 2013년 7월 미국 최대 식음료기업인 크로거Kroger에 인수되었다.

해리스티터를 처음 방문한 날 주차장에서 다른 마트에서 보지 못한 낯선 안내문을 봤다. 장애인이나 여성 전용 주차공간이 아닌, 아이와 함께 온 고객들을 위한 주차 공간이었다. 사용한 카트를 가져다 놓는 곳 바로 옆에 위치한 이 주차공간은 아이를 데리고 쇼핑을 온 부모의 편의를 위한 작은 배려였다.

차가 많이 다니는 넓은 주차장에서 어린 아이를 데리고 다닐 때면 여간 신경 쓰이는 것이 아니다. 차에 구매한 물건을 옮겨 담는다고 잠깐 눈을 떼면, 어느새 멀리 떨어져 있는 아이를 보고 깜짝 놀랄 때도 많다. 그래서 차에 먼저 아이를 태우고 짐을 옮겨 실은 후 카트를 제자리에 두고 와야 한다.

그런데 카트를 두는 곳이 먼 곳에 있다면 어떨까. 특히 더운 날이면 아이를 혼자 차에 두는 것이 불안해 카트를 근처에 제 멋대로 방치해 두고 가버릴 수도 있다. 어린아이를 혼자 차에 두는 것이 불법인 미국에서는 과장된 얘기가 아니다. 때문에 이런 공간이 존재한다는 자체만으로도 기분이 좋았다.

매장 입구에서 가까운 야채 코너에는 '해리스티터를 안전하고 깨끗하게 유지할 수 있게 도와주셔서 고맙습니다. 혹시 흘러넘친 이물질이 있으면 위험하지 않게 닦아주세요'라는 안내 문구와 함께 페이퍼타월

'해리스티터'의 어린이 동반 주차장 카트 보관소와 손 세정 티슈

이 준비되어 있었다. 가끔 야채를 집어들 때 완전히 제거되지 못한 물기가 있거나 시간이 지남에 따라 자연스레 발생하는 야채의 유액 등이 흘러나올 경우가 있는데, 이로 인해 바닥이 미끄러워져 발생할 수 있는 안전사고를 예방하기 위한 조치였다.

고기 판매 코너에서는 손 세정 티슈를 볼 수 있었다. 포장된 고기를 만지고 난 후 핏물과 같은 이물질이 손에 묻었을 때 닦을 수 있도록 배려한 것이다. 만약 손 세정 티슈가 없다면 이물질이 카트 손잡이에 묻어 다음 고객에게도 불편함을 줄 수 있다.

아이와 함께 오는 고객들을 위한 주차장도, 야채 코너의 페이퍼타월도, 정육 코너의 손 세정 티슈도, 모두 고객을 배려함과 동시에 직원의 부담을 줄이는 효과적인 전략이라고 할 수 있다. 개인적으로는 경쟁 브랜드인 퍼블릭스 직원들의 따뜻한 인사와 대화가 더 매력적이긴 하지만, 해리스티터가 보여준 작은 디테일은 큰 비용을 들이지 않고 당장 실천할 수 있는 전략이라는 점에 장점이 있는 듯하다.

미국 _ 리들·알디·홀푸드
매장에 따라 달라지는 계산대의 유연성

한국의 마트를 이용하면서 개인적으로 가장 불편한 점은 계산할 때이다. 계산된 물건을 담기도 전에 이미 다음 사람의 물건들을 계산하기 시작해서 내 물건과 섞이지는 않을까 걱정되고, 또 기다리는 뒷사람이 밀고 들어오는 통에 늘 마음이 불편하다. 정말 1~2분의 여유만 있어도 좋겠는데 그걸 허락하지 않는 마트들이 많다.

그런데 미국의 마트를 이용할 때는 이런 불편함이 크게 느껴지지 않았다. 물론 퍼블릭스, 트레이더조, 코스트코와 같이 사람들이 몰리는 바쁜 시간대에 계산원과 별도로 물건을 담아주는 직원이 있으면 이런 불편이 자연스레 해소될 수 있다. 하지만 이런 인건비를 증가시키는 방법 이외에도 여러 마트들이 나름대로 이 문제를 해결하고자 고심한 흔적이 보였다.

우선 리들은 하나의 계산대에 2개의 레일이 있다. 먼저 온 고객의 물건은 계산 후 첫 번째 레일로 보내고, 다음에 온 고객의 물건은 계산 후 두 번째 레일로 보낸다. 마치 기차의 노선 변경과 같이 계산원은 자기 앞에 놓인 칸막이 하나로 레일을 변경할 수 있어 멈추지 않고 계산을 할 수 있다. 먼저 계산한 고객들 또한 뒤에 오는 고객들의 눈치를 볼 필요 없이 천천히 자신의 물건을 정리하면 된다.

그런데 이 시스템은 대기 줄이 없는 경우 오히려 문제 발생의 소지가 생길 수 있다. 먼저 온 고객들은 보통 안쪽 레일보다는 좀 더 접근이 편한 바깥쪽 레일로 계산하는데, 예상치 못한 고객이 갑자기 나타나면 바깥쪽 자리를 먼저 온 고객이 차지하고 있어 다음 고객은 안쪽 레일 쪽으로 가지 못하고 기다려야 할 수 있는 것이다. 하지만 이러한 점까지 고려한 것인지 리들은 다른 마트들보다 레일의 길이를 길게 배치해 대부분은 두 고객이 같은 레일을 사용하더라도 다른 고객의 제품과 섞일 가능성은 높지 않다.

또 다른 독일 브랜드인 알디는 리들과 달리 계산원이 계산한 제품을 놓을 수 있는 레일이 전혀 없다. 계산된 제품은 계산대 옆에 미리 준비해 둔 빈 카트에 바로 담긴다. 계산이 끝나면 고객은 자신의 빈 카트는 계산원 옆에 붙여 두고, 대신 물건이 담긴 카트를 가지고 계산대를 빠져나오는 시스템이다.

물론 자신의 장바구니로 물건을 옮겨 담고 정리할 수 있는 공간도 별도로 마련되어 있다. 알디는 계산대에 두 개의 레일을 만드는 것과 같은

작은 아이디어로 고객 편의를 높인 '리들'과 '알디'의 계산대

세련된 설비를 갖추지 않았지만, 작은 아이디어로 고객의 불편을 나름
대로 잘 해소하고 있었다.

뉴욕에 갔을 때 홀푸드 매장에 잠깐 들린 적이 있었다. 저녁 시간에
찾은 매장에는 퇴근 길에 장을 보려는 사람들과 샐러드바에서 저녁 식
사를 테이크아웃 해 가려는 사람들이 겹쳐 발 디딜 곳이 없을 만큼 매우
혼잡했다.

나는 호텔에서 간단히 먹을 야식 몇 개를 골라 계산대로 향했는데 길
게 늘어선 줄을 보고 압도당했다. 각각의 계산 카운터에 줄을 서는 일반
적인 마트와 달리 모두가 한 줄 서기를 하고 있었기 때문이다. 한 줄 서
기를 하다 본인의 순서가 되면 머리 위 전광판에 나타난 숫자를 보고 해

번호표가 있는 뉴욕 '홀푸드'의 계산대

당 카운터로 가는 방식이었다. 번호표를 뽑는 것만 제외하면 은행 카운터의 서비스 방식과 크게 다르지 않았다.

줄이 긴 것과 달리 예상 외로 순서는 빨리 돌아왔고, 앞 사람이 완전히 물건을 담아서 가기 전까지 계산원은 다음 번호를 누르지 않아 마음의 불편함이 없었다.

나중에 집 근처에 있는 다른 홀푸드 매장을 가보고 안 사실이지만 모든 매장에 이러한 계산 방식이 적용된 것은 아니었다. 뉴욕과 같이 장바구니를 이용해 여러 사람들이 소량의 물건들을 주로 구매하는 복잡한 매장에만 있는 특별한 방식인 것처럼 보였다. 이처럼 미국의 여러 마트 브랜드들은 상황에 맞게 자신만의 독특한 방식으로 소비자의 불편을 해결하고 있는 모습이 인상적이었다.

미국 _ 푸드라이온

나만을 위한 맞춤형 전단지

내가 미국에서 살았던 노스캐롤라이나주에는 '푸드라이온Food Lion'이라는 마트가 유독 많았다. 얼핏 보면 자동차 브랜드인 푸조의 로고와 비슷한 독특한 사자 모양의 로고를 가진 이 브랜드는 1972년 노스캐롤라이나 솔즈베리Salisbury에 첫 매장을 연 후 점차 확장하여 지금은 10개 주에 약 1000개가량의 매장을 가지고 있다. 내가 살고 있는 지역에 뿌리를 둔 브랜드라는 점이 왠지 친근하게 느껴졌다.

푸드라이온을 방문했을 때 매장 입구에 놓인 키오스크가 매우 인상적이었다. 이 키오스크에 멤버십 카드인 노란색 MVP 카드(또는 앱의 바코드)를 찍으면 쿠폰이 새겨진 나만의 맞춤형 전단지가 발급되었다.* 우리가 흔히 마트 입구에서 볼 수 있는 잔뜩 쌓여 있는 그런 전단지가 아닌 과거 구매 패턴을 분석한 결과를 바탕으로 발급된 맞춤형 전단지였다.

그렇다고 계산을 할 때 전단지에 있는 쿠폰을 보여줄 필요는 없었다. MVP 카드를 키오스크에 찍는 순간 이미 자동으로 쿠폰들이 저장되어, 계산원에게 MVP 카드만 주면 저절로 할인을 받을 수 있다. 맞춤형 전

---

*온라인으로 회원 가입 즉시 스마트폰으로 앱 카드를 발급받을 수 있고, 실물 카드는 5~7일 정도면 우편으로 받을 수 있다. 다만 키오스크에서 발급되는 전단지는 흑백인 탓에 가끔 해당 제품을 찾는 데 어려움이 있었다.

키오스크를 통해 맞춤형
전단지를 제공하는 '푸드라이온'

단지는 매장을 들어서는 순간부터 나만의 물건들이 준비되어 있는 것 같아 왠지 모를 작은 설렘을 주었고 전단지를 좀 더 꼼꼼하게 보게 만들었다. 물론 몇 차례 방문하다 보면 이런 감각도 쉽게 무뎌지긴 하지만 푸드라이온의 첫인상을 긍정적으로 남기기에는 충분했다.

한편 푸드라이온의 고기 판매 코너에는 해리스티터에서도 봤던 손 세정 티슈가 있었다. 인터넷 이용 후기를 찾아보고 알게 된 사실이지만, 한국 사람들에게 푸드라이온의 인기가 높았던 것은 코스트코와 같이 한 번 더 손질해야 하는 대용량의 두꺼운 고기가 아닌 얇게 썬 고기를 소용량으로 구매할 수 있기 때문이었다. 사실 다른 킬러 아이템이 없는 푸드라이온을 나도 몇 번 더 방문했던 이유도 고기를 사기 위해서였다.

가끔 푸드라이온은 고기를 포함해 일부 항목들을 매우 큰 폭으로 할인하면서 '매니저 할인Manager's Special'이라는 스티커를 붙여 두고 있었다. 이 스티커가 묘하게 사람 냄새를 풍기면서 대형마트가 아닌 로컬 상점 같은 느낌을 가지게 했다.

어쩌면 내가 살던 지역에 뿌리를 둔 브랜드라는 사실을 미리 알고 더 친근하게 느끼고 있었기 때문인지도 모르겠다. 어쨌든 공간은 인간적인 매력이 있어야 끌림이 발생한다. 인간적인 매력을 만들어 내는 것은 사람의 수를 늘리는 방법 이외 작은 디테일로도 얼마든지 가능하다.

미국 _ 아마존
배송 후에도 서비스는 계속된다

미국은 정말 한국에 비해 교환, 환불의 천국이다. 온·오프라인을 막론

하고 이른바 '묻지 마 반품'이 가능한 곳이 대부분이다.* 심지어 사용한 적이 있는 변기 뚜껑도 정해진 기간 내에 영수증만 제시하면 이유를 묻지 않고 환불해 준다고 한다.

나는 특히 인터넷쇼핑몰인 아마존 프라임을 이용하면서 반품할 기회가 많았다. 아무래도 한국에서는 한 번도 사 본 적 없는 낯선 물건들을 직접 보지도 못한 채 주문하다 보니 불만족스러운 제품이 많았던 것 같다.

한국에서는 반품 신청을 하면 대부분 택배기사가 방문 수거를 한다. 하지만 아마존은 품목에 따라 무료 방문 수거가 불가능하고 UPS와 같은 우편 취급소로 가져가서 직접 발송해야 무료 반품이 되는 경우가 있었다. 따라서 온라인 반품의 경우 반품 가능한 항목은 한국보다 훨씬 많았으나 과정은 오히려 불편한 점도 있었다. 그래도 미국은 가까운 마트도 차로 이동하는 문화이고 반품 방법이 자세하게 안내되어 있어 한 번만 경험해 보면 반품 물건을 직접 발송하는 것도 그렇게 어렵거나 귀찮지는 않았다.

일반적으로 반품 시에는 제품을 보내온 박스나 비닐 포장재에 다시 제품을 넣고 보내게 된다. 그런데 아마존에서 제품을 구매하고 반품하는 과정에서 고객을 생각하는 작은 디테일에 놀란 적이 있다. 비닐 포장

---

* 코스트코는 코로나19가 유행할 때 화장실 휴지를 사재기한 후 반품하는 것을 허용하지 않는다는 선언을 하기도 했다. 화장실 휴지를 반품할 생각을 한다는 것 자체가 한국에서는 낯설다.

재의 제일 위에 전혀 힘을 들이지 않고 쉽게 뜯을 수 있도록 점선 처리를 해 둔 것도 좋았지만, 뜯은 자리 아래에 혹시나 모를 반품 발생 시 붙일 수 있게 이중 테이프 처리를 해 둔 것Resealable bag for returns이 인상적이었다.

반품해야 하는 제품을 간단히 재포장한 후 우편 취급소에 가져가서 접수를 할 때도 편리했다. 아마존에서 반품 신청 시 스마트폰 앱으로 보내준 바코드를 제시하자 직원이 주소를 출력해 주어서 쉽게 반품 과정을 마무리할 수 있었다.

한국에서도 이제 결제와 동시에 내가 할 일은 다했다고 생각하던 온라인 쇼핑몰들이 한 걸음 더 나아가 쿠팡과 같이 자체 배송을 통해 배송 만족도를 높이려 노력하고 있다. 하지만 아마존은 배송 이후에도 소비자들의 만족도를 높일 수 있는 작은 디테일까지 챙기고 있었다.

전 세계의 많은 리테일 브랜드들이 고객들을 위해 크고 작은 변화들을 시도하고 있다. 하지만 나는 여전히 우리가 익숙해져 당연시하는 많은 부분에서 개선의 여지가 있다고 생각한다. 예를 들면 코스트코에 있는 푸드코트의 의자가 그렇다. 전혀 이윤을 남길 의도가 없어 보이는 가격에 맛있는 핫도그와 피자를 파는 것이 감사한 일이지만, 불편한 의자를 볼 때마다 작은 디테일이 부족하다는 인상을 지우기 어려웠다.

길게 늘어놓은 고정의자가 공간 활용도를 높일 수 있는 장점은 있겠지만, 의자 방석 부분에 신발이 닿지 않게 앉고 일어서는 것이 쉽지 않은 구조는 매우 불편하게 느껴졌다. 특히 다리가 짧은 아이들의 경우는 더욱 불편했다.

경쟁 브랜드가 제공하지 못하는 차별적 요소를 가졌음에도 작은 디테일이 부족해 완전한 만족감을 주지 못하는 것이 볼 때마다 아쉬웠다. 주변에 오래되고 친숙한 것들부터 다시 생각해 볼 필요가 있다. 이때 고객들에게 물어보지 말고 행동을 관찰해 보면 디테일 전략의 방향을 의외로 쉽게 도출할 수도 있다.

규모를
알기 쉽게 표현하라

리투아니아 _ 맥시마

알파벳 개수에 따라 달라지는 브랜드 포트폴리오

나는 유럽 여행을 하면서 할인마트에 자주 들렀다. 할인마트는 식료품, 생활용품 브랜드들을 관찰할 수 있고 그 나라의 물가를 체험할 수 있는 장점이 있다. 또한 공항 면세점보다 할인마트의 제품 가격이 싼 경우도 많아서 전통 식품이나 기념품, 선물용 초콜릿 등을 구매하기 위해 들리기도 한다.

2019년 여름, 리투아니아의 수도 빌니우스를 여행할 때도 숙소 근처의 소매점에 들렀다. 브랜드는 '맥시마MAXIMA'였다. 내가 알고 있는 맥시마는 닛산 자동차의 브랜드인데 소매점 브랜드라니 친숙하면서도 다소 어색해 보였다. 저녁때여서인지 반찬거리와 식사 대용의 음식을 사가는 현지인들이 많았다. 음식 가격이 저렴해서 나도 저녁 먹거리로 몇 가지를 구매했다.

매장을 나오면서 간판을 다시 보게 되었는데 맥시마 로고 디자인에서 강렬하게 보이는 'X'자 하나가 왼쪽에 별도로 표기되어 있었다. 이때까지만 해도 이 'X'의 의미가 무엇인지 몰랐다.

이틀 후 트라카이성Trakai Castle을 방문하고 돌아오는 길에 빌니우스에서 유명한 유로파Europa 쇼핑몰에 들렀다. 이 쇼핑몰은 마치 우주선처럼 보였다. 벤치가 건물에 끈으로 매달려 있는 모습도 인상적이었다. 서점에 들러 책도 한 권 사고 숙소로 돌아가기 전에 물과 먹거리를 사려고 쇼핑몰 안에 있는 맥시마 마트에 들렀다.

전날 숙소 근처에서 들렀던 마트에 비해 규모가 더 커보였고 다양한 제품들이 눈에 들어왔다. 매장을 둘러보다 라이카Leica 카메라 로고와 비슷한 초콜릿 브랜드가 눈에 들어왔다. 정확한 네임은 라이마Laima였다. 이 라이마는 라트비아의 가장 큰 규모의 제과 회사 브랜드로 라트비아 신화에 나오는 운명의 신을 말한다. 계산을 하고 나오면서 다시 한번 간판을 보니 흥미롭게도 '맥시마' 옆에 'X'가 두개로 표시되어 있었다.

숙소로 가는 길에는 공유 차량인 '볼트Bolt'를 이용했다. 숙소까지 25분 정도 걸리는 거리였다. 밖을 내다보니 커다란 건물 하나가 눈에 들어왔는데 익숙한 브랜드인 맥시마였다. 생각보다 규모가 크다고 생

알파벳 X의 개수로 매장 크기를 표현하는 '맥시마'

각했는데 이번엔 맥시마 간판 옆에 'X'자가 3개 보였다. 마트의 규모를 'X'의 갯수로 쉽게 인지할 수 있었다.

숙소에 돌아와 검색해 보니 맥시마는 리투아니아의 소매점 그룹으로 1992년 빌니우스에 처음 오픈했다. 지금은 라트비아, 에스토니아, 폴란드, 불가리아에서 운영되고 있는 발틱해 연안의 가장 성공적인 소매점 브랜드였다.

'맥시마 X'는 집근처에 위치하고 매일 들러서 빠르게 생필품을 구매할 수 있도록 한 소매점이었다. 또 '맥시마 XX'는 큰 도시 교외에 위치하고 빠른 쇼핑을 하기를 원지만 다양한 제품을 필요로 하는 고객들을 위한 소매점이고, '맥시마 XXX'는 베이커리, 패스트리를 만드는 시설을 갖추고 있고 신선 식품을 바로 사갈 수 있는 곳으로 5만 개 이상의 식품과 제조 제품들을 판매하는 소매점이었다. 마트의 규모에 따른 브랜드 포트폴리오를 잘 구성했으며 소비자가 그 차이를 직관적으로 이해할 수 있도록 했다는 점이 인상적이었다.

터키 _ 미그로스
심플함에서 비롯되는 일관성

나는 2020년 2월, 터키 이스탄불을 여행할 때도 마트와 백화점을 돌아다녔다. 숙소 근처에 있는 '미그로스MIGROS' 마트에 들렀다가 간판을 보고 불현듯 어디서 많이 본 듯한 느낌을 받았다. 이유는 미그로스 간판 옆에 'M'자 하나를 보았기 때문이다. 설마 M자의 의미가 리투아니아의 맥시마와 같이 매장의 규모를 상징하는 것일까. 검색해 보니 아니나 다를까 미그로스는 터키의 유명한 소매점 브랜드로 맥시마가 매장의 규모를 'X'자 개수로 표현한 것처럼 'M'자의 개수로 크기를 표현하고 있었다.

미그로스는 1954년 이스탄불에 1호점을 시작으로 1300여 개의 매장을 운영하고 있다. 집 근처의 슈퍼마켓 규모의 미그로스는 'M'자가 하나로 주로 기본적인 식료품을 판매한다. 이보다 좀 더 큰 규모의 소매점은 'M'자가 두개로 기본적인 식료품 이외에 다양한 품목들도 판매한다. 이보다 더 큰 하이퍼마켓 소매점은 'M'자가 세 개로 베이커리, 책, 전자제품, 화장품 등 다양한 스펙트럼의 제품들을 판매한다. 그리고 가장 큰 창고형 소매점은 '5M'으로 주로 관광지 근처에 위치해 있으며 가장 많은 제품들을 판매한다.

맥시마와 미그로스는 핵심 알파벳의 개수를 이용해 브랜드 포트폴

알파벳 M으로
브랜드 포트폴리오를 구분한
'미그로스'

리오를 심플하게 정립하고 브랜드의 일관성을 잘 표현한 사례라고 생각되었다. 이를 한국의 소매점에 적용해 보면 어떨까.

이마트의 경우 현재 이마트24, 이마트 에브리데이, 이마트, 이마트 트레이더스로 구분하여 활용하고 있는데 만약 자신의 아이덴티티의 일부인 'E'를 활용해 각 규모에 따라 숫자를 달리할 수 있을 것이다. 심플한 로고를 활용해 브랜드 포트폴리오를 구성하는 것이 적어도 소비자 인지 측면에서는 분명한 장점이 있을 것 같다.

Move

PART 5

이동하다

하늘에서 느끼는
오감 만족

싱가포르 _ 싱가포르항공
하늘 위에서 체험한 브랜드 감각

해외 여행을 계획할 때 국가가 결정되면 바로 알아보는 게 비행기표이다. 요즘은 비행기표 가격 비교 사이트가 너무 잘 되어 있는데, 여행사마다의 가격 차이를 보면서 선택할 수 있도록 되어 있어 저렴한 가격의 비행기표를 쉽게 구할 수 있다.

초기 여행할 때는 마일리지 적립을 위해 국내 국적기 하나만 이용했다. 그러다가 외국 항공사들의 가격과 비교해 보니 국내 항공사의 가격이 비싸다는 것을 알게 되었다. 마일리지 많이 쌓아서 공짜 티켓을 얻거나 좌석 등급 업그레이드를 받는 것도 좋으나 브랜드 여행의 관점에서 보니 내가 가고자 하는 국가의 국적기를 경험하는 것이 더 좋을 수 있겠

청각적 요소로는 기내에 틀어 놓은 음악과 기장의 안내 방송이 있었다. 편안한 클래식 음악이 긴장을 풀어주었고 기장은 탑승객들에게 자세한 정보를 전달하려고 했다. 실제로 싱가포르항공은 기장의 안내 방송조차 광고대행사가 세심하게 작성한 원고를 사용한다고 한다.

기내식도 미리 주문 예약을 통해 자신이 원하는 식사를 할 수 있도록 해 미각을 충족시켰다. 이코노미석인데도 불구하고 앞뒤 좌석 간의 간격이 좁지 않아서 편했고 블랭킷Blanket의 촉감이 매우 부드러웠다. 이처럼 싱가포르항공은 탑승객들이 눈으로 보고 듣는 것보다도 훨씬 더 많이 함축된 진정한 감각 브랜드 체험Sensory Brand Experience을 잘 활용하고 있었다.

카타르 _ 카타르항공

클래스 있는 특별함의 연속

나는 2019년 2월과 2020년 3월, 카타르 도하로 두 차례 여행을 떠났다. 첫 여행을 계획할 때 앞서 얘기한 대로 여행 국가의 국적기를 경험해야겠다고 생각해 카타르항공으로 예약했다. 여행 가기 전 블로그나 SNS를 살펴보니 비행기 기종이 좋고 이코노미석도 앞자리와 거리가 넓어 편하게 비행할 수 있다는 등 카타르항공에 대한 긍정적인 글들이 많았다.

해당 항공 사이트에 들어가서 예약을 진행할 때 운 좋게도 이벤트를 접할 수 있었다. 카타르항공을 이용해서 도하를 경유해 다른 국가로 갈 경우 도하 지역 5성급 호텔의 하룻밤 숙박을 무료로 제공해 주는 것이었다. 이런 행운이 있다니. 숙박비를 아낄 수 있다는 것과 그것도 5성급 호텔에 묵을 수 있다는 것이 가장 큰 메리트였다. 간혹 에티하드Etihad항공이 아부다비Abu Dhabi를 경유할 경우 하루 숙박비를 무료로 하는 이벤트가 있다는 소문은 들었는데 내가 타고 갈 카타르항공에서도 무료 이벤트를 진행한다니 여행을 더 설레게 만들었다.

공항에 도착해서 카운터에서 발권과 함께 짐을 부쳤다. 카타르항공은 스타 얼라이언스Star Alliance 소속으로 아시아나항공의 마일리지로 적립할 수 있었다. 자정을 넘어 탑승했는데 밤 비행에서 나의 시선을 사로잡은 것은 바로 기내의 보랏빛 조명이었다. 자신들의 컬러인 '퍼플Purple'을 조명에 적용한 것이 매우 신비하면서도 컬러를 통해 아이덴티티의 일관성을 표현한 것에 감탄했다.

첫 기내식이 나올 무렵 물수건을 받게 되었는데 흥미롭게도 이 물수건에서 좋은 향기가 났다. 카타르항공도 조향사를 통해 자신들만의 향기를 개발했다고 한다. 기내 화장실에 있는 바디미스트Body Mist의 향기도 물수건의 향기와 같았다. 후각 마케팅을 잘하고 있다는 느낌을 받았다.

조식도 자신이 먹고자 하는 음식으로 항공 예약 사이트를 통해 미리

'카타르항공'의 유니크한 실내 조명과 바디미스트

주문할 수 있어 좋았다. 기내 어메니티는 치약, 칫솔, 귀마개, 양말과 수 면안대 및 립밤Lip balm까지 제공되어 세심함이 느껴졌다.

또한 기내에서 1시간 동안 무료 와이파이를 사용할 수 있게 해서 다 른 항공사에서 경험하지 못한 서비스를 받았다. 10달러에 비행 시간 동 안 무제한 와이파이를 사용할 수 있으니 심심할 틈이 없었다.

카타르항공은 자신만의 사운드트랙을 통해 청각적 요소도 잘 활용 하고 있었다. 비행기를 탑승할 때와 착륙 후 택시Taxi* 하는 과정에서 들 려오는 음악이 매우 인상적이었다. 이 음악은 카타르의 유일한 여성 컨 템포러리Contemporary 작곡가인 다나 알 파단Dana Al Fardan에 의해 작곡된

* 공항에서 활주로로 이용하는 항공기의 통로인 유도로Taxiway를 이동하는 것을 의미한다

것으로 은은하게 들려오는 멜로디가 마음을 편하게 해주었다.

도하로 같이 여행을 간 일행도 음악이 너무 좋다며 유튜브를 통해 찾아봤다. 카타르항공 유튜브 채널에서 이 음악을 발견했는데, 영상 속에서는 카타르 필하모닉 오케스트라 멤버들이 이벤트로 기내에서 승객들을 위해 직접 연주하고 있었다. 그 비행기에 탑승한 승객들이 부러웠다.

두 번째 도하 여행을 계획할 때에도 카타르항공의 특별 프로모션이 있었는데 바로 비즈니스 클래스를 저렴하게 이용할 수 있는 것이었다. 당시 이코노미 클래스의 왕복료가 120만 원 정도 되었는데 비즈니스 클래스를 200만 원 선에 프로모션을 하고 있었다.

그때까지 나는 한 번도 비즈니스 클래스를 이용해 본 적이 없었다. 여행 국가의 국적기를 이용하다 보니 특정 항공사의 마일리지를 많이 모으지 못해 좌석 업그레이드는 꿈도 꾸지 못했다. 또한 아직 체력이 비즈니스 클래스를 타야 할 만큼 나쁘지 않다고 생각했고 그 비용으로 더 좋은 호텔에 숙박하거나 여행지에서 맛있는 걸 먹는 게 좋겠다고 생각했다.

그러나 여러 번 브랜드 여행을 통해 비행기 서비스에 관한 다양한 경험이 중요하다는 것을 느끼고 있었고, 도하를 경유해서 부다페스트로 가는 여정이어서 인천-도하뿐 아니라 도하에서 부다페스트까지 비즈니스 클래스로 이동할 수 있었기에 이번에는 비교적 저렴한 요금의 비즈니스 클래스가 매력적으로 느껴졌다. 큰 마음을 먹고 예약했다. 도하를 경유해서 갈 경우 숙박 관련 이벤트로 이번에는 5성급 호텔을 1박에 23달러에 묵을 수 있었다.

카타르항공은 2020년 1월 16일부터 인천에서 출발하는 모든 항공 편의 비즈니스 클래스 객실에 '세계 최고의 비즈니스 클래스'로 선정된 바 있는 '큐스위트Q Suite'를 적용했다. 퍼스트 클래스의 다양한 특징들을 상당 부분 반영한 큐스위트는 품격 있는 항공 여행의 새로운 기준으로, 모든 좌석은 각각 커스터마이징이 가능한 좌석 옵션을 갖추고 있어 개별 스위트룸을 조성할 수 있게 했다.

개별 좌석마다 장착된 프라이버시 패널Privacy Panel을 이용해 자신만의 개인실을 만드는 것이 가능했다. 또한 주문형 식사는 사전에 정해진 일정이 아니더라도 언제든지 요청할 수 있도록 했다.

카타르항공의 브랜드 포트폴리오 구성도 눈에 들어왔다. 카타르Qatar의 첫 알파벳인 'Q'를 활용해서 비즈니스 클래스 좌석Q Suite, 항공 마일리지Q Miles, 기내식Quisine 등에 체계적으로 브랜드를 적용하고 있었다.

웰컴 드링크와 함께 어메니티를 받았는데 그 중 흥미로운 아이템은 잠옷으로 영국의 '화이트 컴퍼니White Company'의 티셔츠와 파자마였다. 한 번 입고 버리는 것이 아닌 집에 가져가서 입을 수 있는 질이 좋은 잠옷이었다.

가장 좋았던 점은 좌석에 마사지 기능이 있어서 오랜 비행임에도 불구하고 허리가 아프지 않았다는 것이다. 승무원은 불편한 점이 없는지

지속적으로 체크하며 수면을 하고 싶을 경우 얘기하면 침대를 만들어 주겠다고 했다. 눈을 붙여야겠다고 생각해 승무원에게 얘기하니 바로 침대를 만들어 주었다. 프라이버시 패널을 닫으니 진정한 나만의 룸이 되었다. 이렇게 비행기에서 편하게 잠을 잘 수 있다는 것이 신기할 따름이었다.

이런 세심한 서비스 덕분인지 카타르항공은 국제 항공 서비스 평가 기관인 스카이트랙스Sky Trax가 주최하는 '2019 월드 에어라인 어워드World Airline Awards'에서 '세계 최고의 항공사', '세계 최고의 비즈니스 클래스', '세계 최고의 비즈니스 클래스 좌석' 그리고 '중동 최고의 항공사'로 선정되었다.

착륙 후 도하 공항에서는 카타르항공 비즈니스 클래스 고객들을 위해 마련된 별도의 입국 심사대로 안내를 받았다. 물론 다시 공항으로 돌아와 출국할 때도 비즈니스 클래스 고객들을 위한 별도의 출국 심사대를 이용할 수 있었다. 또한 도하-부다페스트 구간에도 한국인 승무원을 탑승하게 해 서비스 만족도를 높이는 데 노력을 많이 하고 있다는 느낌을 받았다.

지난번 카타르항공에 탑승했을 때 물티슈의 독특한 향기를 떠올리며 도하 공항 카타르항공 기프트숍에 가보니 카타르항공 브랜드로 향수를 판매하고 있었다. 가격은 비싼 편이었으나 기념으로 구매했다.

여행을 마치고 도하에서 인천으로 돌아오는 길에는 공항 비즈니스

비즈니스 클래스의 가치를 보여주는 '카타르항공'

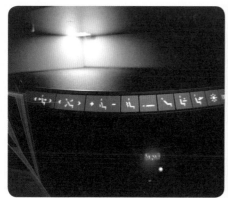

좌석에 부착된 안마기

침대처럼 눕혀지는 좌석

영국 브랜드 화이트 컴퍼니의 잠옷

자체 브랜드 향수

라운지를 이용했다. '알 무르잔Al Mourjan'이라는 이름이었는데 규모가 어마어마했다. 3층에 걸쳐 샤워장, 수면실, 물품보관함, 레스토랑 등 다양한 편의시설을 갖추고 있어 장시간 비행에 대한 피로를 풀어줄 것 같았다.

이번 카타르항공의 비즈니스 클래스 경험을 통해 항공 서비스에 있어 고객경험관리 시스템이 얼마나 중요한지, 오감 만족을 통해 고객의 행복감을 어떻게 높일 수 있는지를 체험하게 되었다. 누군가 비즈니스 클래스를 경험하게 되면 비즈니스 클래스 병에 걸린다는 말을 한 적이 있는데 그 말의 이유를 알 수 있을 것 같다.

개인적으로 술을 잘 못 마시다 보니 기내에서 값 비싼 술이 그림의 떡인지라 요금이 아깝다는 생각도 잠시 들었다. 그러나 20주년 결혼 기념으로 아내와 유럽으로 여행을 간다면 다시 카타르항공의 비즈니스 클래스를 예약하지 않을까 싶다.

미국 저비용 항공사들을
경험하다

미국 _ 프론티어항공

미국 최고의 '가성비 갑' 항공사

장거리 운전을 좋아하지 않는 나는 미국에서 지내는 동안 저비용 항공사를 이용할 기회가 많았다. 특히 '프론티어항공Frontier Airline'을 자주(5회) 이용했는데 'Low fares done right'라는 브랜드 슬로건답게 저렴하면서도 서비스 이용 경험이 나쁘지 않았기 때문이다.

초저가의 기업 철학을 가진 이 항공사는 가격의 거품을 빼는 데 최선을 다하고 있다. 랄리더럼 공항RDU에서 라스베이거스 공항LAS까지 가는 비행기를 이용했을 때, 약 5시간의 거리임에도 불구하고 특가로 나온 편도요금은 50달러도 되지 않았다.

하지만 초저가 실현을 위해 모든 추가 서비스에 별도의 요금을 부과했다. 물 이외 무료로 제공되는 기내식이 없었고 영화, 게임 등을 이용할 수 있는 앞좌석에 부착된 스크린도 당연히 없었다. 수화물로 보내는 가방뿐 아니라 기내에 가지고 타는 모든 가방에도 요금을 부과했으며, 심지어 추가 요금을 내고 좌석을 미리 선택하지 않으면 랜덤으로 배정했다. 함께 가는 일행은 적어도 같은 자리를 붙여 줄 것이라 기대해서는 안 된다. 실제로 웹 체크인을 했는데 어린 아들의 자리만 혼자 다른 곳에 배정된 경험이 있다. 물론 탑승 전 조금 일찍 공항에 나가서 잘 얘기하면 좌석이 남아있을 경우 일행이 함께 앉을 수 있게 자리 조정을 해줬다.

이 항공사를 이용하면서 한 가지 좋았던 것은 의자를 뒤로 젖힐 수 없게 고정해 놓았다는 점이다. 예전에 국내 저비용 항공사를 이용할 때 앞사람이 갑작스레 의자를 뒤로 젖혀 아이가 머리를 부딪히고 보던 책이 바닥에 떨어진 적이 있었다. 그래서 조심해 달라고 요청했더니 뒤로 젖힐 수 있게 만들어진 의자인데 왜 못하게 하냐고 오히려 화를 내서 불쾌했다. 하지만 프론티어항공은 뒷 자석에 있는 승객에게 불편함을 주지 않을 만큼 이미 살짝 뒤로 젖혀서 고정되어 있었고 좌석 앞 공간도 아주 좁은 편은 아니라 이용하는 데 큰 불편이 없었다.

앞좌석에 꽂혀 있는 안내문을 보니 미국에서 환경보호를 위해 가장 많은 노력을 하는 항공사America's Greenest Airline라는 점을 강조하고 있었다. 그 근거로 다른 항공사에 비해 39% 연비 효율이 높다고 주장했다.

물론 환경을 생각하는 브랜드 이미지는 소비자에게 긍정적인 인상을 줄 수 있다. 하지만 저비용 항공사를 이용하는 소비자의 선택을 유도할 만큼 매력적인 강점은 아닐 수 있다. 가격이 가장 중요한 선택 기준일 것이다.

그렇다면 단순히 연비 효율이 높다는 주장을 할 것이 아니라 '연비 효율을 높여 항공료를 낮췄습니다'와 같이 초저가의 브랜드 콘셉트를 강화할 수 있는 커뮤니케이션을 할 필요가 있다. 브랜드 커뮤니케이션의 핵심은 일관성Consistency이다.* 하나의 일관된 주장을 통해 소비자의 기억 속에 깊숙이 남기는 전략이 필요하다.

사실 이 항공사에 대한 첫 경험은 그리 좋지 않았다. 올랜도의 디즈니월드를 가기 위해 이른 아침 비행기를 예약했지만 1시간 30분 정도 탑승시간이 지연되었다. 물론 미국 국내선을 이용할 때 2시간 이하의 지연은 흔히 일어나고 보상을 받을 대상도 아니다. 하지만 디즈니월드의 비싼 이용권을 온전히 누릴 수 없다는 생각에 속상한 마음은 어쩔 수 없었다.

그런데 여행을 마치고 돌아온 후 우연히 페이스북 메신저로 고객센터와 연락이 가능하다는 사실을 알게 되었다. 보상을 받을 수 있다고 전

---

* Concept는 함께라는 의미의 'con'과 잡다는 의미의 'cept'가 결합된 용어이다. 용어 그 자체에 이미 일관성의 중요성을 함축하고 있다. 따라서 브랜드 콘셉트는 브랜드가 가진 여러 장점들을 꿰뚫을 수 있는 하나의 일관된 주장을 의미한다.

혀 기대하지는 않았지만 페이스북 메신저로 고객센터에 연락하는 것은 처음이라 어떻게 반응하는지 궁금했다. 그래서 탑승 지연으로 디즈니 월드 입장이 늦어져 속상했던 마음을 얘기하고 혹시 보상이 가능하냐고 글을 남겼다.

그러자 30분쯤 뒤에 사과 메시지와 함께 항공료의 전액에 해당되는 바우처를 보내주었다. 항공사와 페이스북으로 소통하는 것이 흥미로운 경험이었고, 기대하지 않았던 보상까지 받을 수 있어서 부정적이던 브랜드에 대한 첫인상이 사라졌다. 게다가 이후에 4번을 추가로 이용하는 동안 한 번도 탑승 지연은 없었다.

미국 _ 사우스웨스트항공
LCC 답지 않은 LCC 서비스

세계 최대 저비용 항공사인 '사우스웨스트항공Southwest Airline'은 프론티어항공과는 매우 대조적이었다. 'That's transfarency'라는 슬로건을 가지고 있는 이 항공사는 숨겨진 추가 요금이 없는 투명성을 강조했다. 과거에는 '가장 저렴한 항공'이라는 브랜드 콘셉트를 가지고 있었으나, 저비용 항공사들이 늘어나고 경쟁이 치열해지면서 브랜드의 포지셔닝을 변경한 것으로 보인다.

항공료 이외에 모든 추가 서비스가 유료라 옵션들을 하나둘 추가하다 보면 최종 결제 요금이 생각보다 높게 느껴질 수 있는 프론티어항공과 달리, 이 항공사에는 모든 추가 서비스의 비용이 항공료에 포함되어 있었다. 보통 저비용 항공사들이 개당 20~30달러의 요금을 부과하는 수화물도 2개까지는 무료였고, 추가로 1개의 가방을 무료로 기내에 가지고 탈 수 있었다. 또한 항공 일정 변경 수수료, 기내 와이파이, 스마트폰으로 볼 수 있는 영화, 게임 등의 엔터테인먼트 서비스가 모두 요금에 포함되어 있었다.

이처럼 사우스웨스트항공은 다른 저비용 항공사들의 약점을 파고들어 요금의 투명함을 새로운 차별화된 강점으로 일관성 있게 커뮤니케이션하고 있었다. 특히 음료와 함께 받은 냅킨에 있는 숨겨진 단어 찾기 게임이 인상적이었다. 냅킨의 앞면에는 '숨겨진 단어들이 숨겨진 요금들보다 더 재밌습니다Hidden words are more fun than hidden fees'라는 재미있는 글귀가 적혀 있었고, 뒷면에는 사우스웨스트의 요금 투명성을 구체적으로 알 수 있도록 하는 단어들을 숨겨놓은 게임이 있었다.

별거 아닌 이 게임을 아들이 매우 좋아해 게임을 하는 동안 잠시나마 나는 여유있게 음료를 마실 수 있었다. 게임을 통해 자연스럽게 브랜드 콘셉트를 전달하는 효과적인 커뮤니케이션 전략이었다.

이 밖에도 사우스웨스트항공은 몇 가지 인상적인 것들이 있었다. 항

게이미피케이션을 적용한 '사우스웨스트항공'의 냅킨

공 티켓에 자리가 정해져 있지 않고 그룹별 입장 순서만 정해 놓았다. 따라서 자신의 자리를 찾는 데 소요되는 탑승시간이 줄어들었고, 그래서인지 2번을 이용하는 동안 모두 정시보다 일찍 출발하고 일찍 도착할 수 있었다.

또한 음료를 서빙하는 카트가 없는 것도 독특했다. 승무원이 일정 구간별로 승객들에게 미리 주문을 받아 메모지에 기록한 후, 주문한 음료들을 트레이에 담아와 나눠주는 시스템이었다. 저비용 항공사의 작은 비행기에서 음료 카트를 이용하면 화장실을 다녀오는 고객들이 지나가지 못해 한참을 기다려야 하는 불편함이 있는데 이를 배려한 것처럼 보였다.

승무원들의 농담 섞인 안내 방송도 왠지 친근해서 좋았다. 전반적으

로 저비용 항공사라고 생각되지 않을 만큼 서비스 경험이 만족스러워,
여행 가방이 많은 경우에는 앞으로도 사우스웨스트항공을 자주 이용하
게 될 것 같다.

미국 _ 제트블루
You above all? 무엇보다 공감을!

사실 나에게 가장 강렬한 기억을 남긴 저비용 항공사는 제트블루Jet Blue
이다. 'You above all'이라는 브랜드 슬로건*을 가지고 있는 이 항공사는
고객 중심적 마인드로 합리적인 가격에 운영되어 지속적인 흑자를 내
고 있는 몇 안 되는 저비용 항공사라고 들어서 기대가 컸다.

　하지만 올랜도에서 멕시코의 칸쿤으로 갈 때 단 한 번 경험한 제트블
루에 대한 기억은 매우 실망스러웠다. 비행기에 탑승한 후 약 40분이 되
었을 때 갑자기 기기 결함이 발견되었으니 모든 승객들이 다시 내려야
한다고 말했다. 비행기를 잘 알지 못하는 나는 왜 탑승 전 확인을 못했

---

* 제트블루는 그 동안 여러 차례 슬로건을 변경해 왔다. 특히 'You above all' 이전의 슬로건은 'Inspiring
Humanity'로 고객 지향성(Customer-centric)을 최우선 가치로 전달하고자 노력하였으며, 델타항공이
'Humanity'라는 용어를 사용하며 자신의 기업철학을 모방한다고 주장하여 논란이 된 바 있다.

을까 하는 생각이 들었다. 그리고는 3시간 출발 지연을 통보받았다.

칸쿤 공항에서 호텔까지 픽업 차량 서비스를 신청해 두었던 터라 늦어질 것 같다고 서둘러 연락을 했다. 한국 같았으면 화를 내고 소리 지르는 사람이 나올 법도 한데 미국인들은 매우 침착해 보였다. 카드게임을 하거나 책을 읽으며 차분히 대기하는 모습이 매우 인상적이었다. 다행히 2시간 30분쯤 되었을 때 다시 탑승을 시작했고 우리는 한숨을 쉬며 자리에 앉았다.

그런데 승객들 중 2명이 탑승하지 않아 추가로 1시간 30분을 더 기다려야 했다. 그동안 기내에서는 매우 차가운 에어컨 바람이 나왔고, 승무원에게 너무 춥다고 에어컨을 꺼 줄 수 없냐고 물었더니 지금은 비행기에서 에어컨 통제가 불가능하다고 얘기했다. 입고 있던 옷을 아들에게 벗어주고 기다리는 동안 승무원이 안내 방송을 했다. "탑승하지 않은 승객들을 찾고 있으니 조금만 더 기다려 주세요. 오늘 내로는 출발할 겁니다."

유쾌하지 못한 농담에 승객들은 여기저기서 어이없다는 짜증 섞인 목소리가 터져 나왔다. 그러자 잠시 후 다시 승무원은 출발 지연에 대해 사과하며 보상으로 인당 100달러짜리 바우처를 메일로 보내주겠다고 말했다. 그때 한 멕시코 여성이 환호하며 소리를 지르자 승무원은 웃으며 지나가는 말로 "나쁘지 않은 딜"이라고 얘기를 했다. 하지만 나는 그 얘기를 듣고 무척 화가 났다.

마침내 두 명의 승객이 탑승을 하자 비행기는 출발했다. 승무원은 음료를 서빙한 후 큰 바구니에 스낵*을 가득 담아 돌아다니며 나눠줬다. 그리곤 잠시 후 기내 쇼핑 상품들을 팔았다. 그때 보니 담요도 구매 항목에 포함되어 있었다.

만약 항공사의 잘못으로 출발 지연이 되어 추위에 힘들어하는 승객들에게 무료로 담요를 몇 장 나눠줬더라면 어땠을까. 무료가 아니라면 구매 의향이라도 물어봤으면 좋았을 것이다. 그날 추위에 떨었던 탓인지 나는 칸쿤에 도착한 다음날부터 감기에 심하게 걸려 올 인클루시브 호텔에서 칵테일 한 잔도 마시지 못하고 아름다운 바다를 눈으로만 구경해야 했다.

비행을 마친 후 승무원들이 인사를 하며 아들에게 제트블루 항공기 뱃지를 하나 선물했다. 아이는 무척 좋아했지만 다음날 호텔에서 감기 기운에 일어나 뱃지를 보니 화가 나서 아들 몰래 쓰레기통에 던져 버렸다.

여행을 마치고 집에 돌아와 메일을 확인하니 원래 약속했던 100달러에 50달러를 더해 1년 내 사용 가능한 150달러의 바우처를 보내주었다. 우리 가족은 총 450달러의 바우처를 받은 셈이었지만, 공짜 여행 기

---

* 제트블루를 이용하며 유일하게 좋았던 점은 무료로 나눠준 스낵 중에 인생 과자를 만났다는 것이다. 뉴욕 맨해튼의 4성급 호텔에 근무하던 2명의 셰프Dana Sinkler and Alex Dzieduszycki들이 창업하여 만들었다는 브랜드 히스토리를 가진 'TERRA'의 야채(감자, 고구마 등) 칩이다.

회가 생겼다는 기쁨보다는 제트블루를 또 타야 하나라는 생각이 먼저 머리를 스쳤다. 결국 여행을 차일피일 미루다 코로나19가 유행을 하면서 바우처를 사용하지도 못한 채 귀국하고 말았다.

어느 기업이나 서비스 실패는 있을 수 있다. 어쩌면 제트블루가 마지막 순간에 안전을 위해 출발을 지연한 것은 바람직한 의사결정이라 할 수 있다. 그럼에도 불구하고 불편을 겪은 고객들의 마음을 제대로 공감하지 못하고 진정성 없는 사과를 하며 바우처 몇 장으로 쉽게 대처하려 한 행동은 못내 아쉬웠다.

항공 서비스는 여행의 시작과 끝을 책임지는 서비스이다. 분명 칸쿤과 같은 휴양지로 향하는 비행기의 승객들은 대부분 여행을 시작하기 위해 제트블루에 탑승했을 것이다. 'You above all'이라는 고객 중심적 마인드를 차별적 콘셉트로 강조하는 브랜드라면 조금 더 고객의 입장에서 생각하고 행동했어야 한다는 생각이 든다. 브랜드의 진정성Brand Authenticity은 말과 행동이 일치하고, 고객과 약속한 가치를 제대로 전달할 때 달성될 수 있다.

단순한 이동이
아닌 관람

미국 _ 더 라이드

관광버스가 공연장이 되다

나는 시간에 쫓길 것 같은 패키지 상품을 가능한 한 피하고 자유여행을 선호한다. 하지만 가이드를 잘 만나면 이동하는 길이 즐겁다. 말 그대로 아는 만큼 보이는 경우가 많다. 차 안에서 가이드의 설명을 미리 듣고 관광지에 도착하면 아무런 지식 없이 갈 때와 분명한 차이가 있다. 사실 관광지 그 자체가 하나의 브랜드가 아닌가.

마케팅 학자들은 우리가 특정 대상에 대해 알고 있는 기억, 즉 지식 구조Knowledge Structure를 브랜드라 얘기한다. 따라서 브랜드 가치를 제대로 느끼려면 어느 정도의 사전 지식이 필요하다.

대만의 타이페이에 갔을 때 8시간의 예스진지(예류, 스펀, 진과스, 지우펀)

택시 투어를 신청한 적이 있다. 비용을 조금 더 지불하고 한국어를 잘하는 택시 기사를 섭외한 덕분에 우리가 방문한 관광지뿐 아니라 평소에 궁금했던 대만의 역사와 문화에 대해 배울 수 있는 좋은 시간이었다. 타이페이라는 도시 브랜드에 대해서도 더 좋은 이미지를 가질 수 있게 되었다.

물론 택시 투어가 항상 만족스러웠던 것은 아니다. 필리핀 세부에서 배를 타고 보홀에 도착했을 때 선착장에 있는 여행사에서 다음날 이용할 택시 투어를 예약했다. 그런데 예약 시 브로셔에서 보았던 택시와 달리 다음날 호텔 픽업을 온 차량은 매우 오래된 봉고차였다. 유리창이 너무 뿌옇고 기스가 많아서 도저히 바깥 경관을 볼 수가 없을 정도였다. 또한 운전기사가 영어에 익숙지 않아 이동하는 시간이 즐겁지 않았다.

지금까지 내가 경험한 가장 흥미로웠던 차량 투어를 얘기하라면 단연 뉴욕의 '더 라이드The Ride'를 꼽고 싶다. 내 기억 속에는 브로드웨이에서 본 뮤지컬 공연, 록펠러 전망대에서 본 야경, 크루즈를 타고 본 자유의 여신상보다도 강하게 남아 있다. 어쩌면 뉴욕에 도착한 후 가장 먼저 경험한 것이기 때문인지도 모르겠다.

더 라이드는 6.8km 맨해튼 거리를 약 75분간 돌아다니며 뉴욕의 번화가를 구경하고 거리의 사람들과 소통하는 인터랙티브 버스Interactive Bus 투어이다. 3열로 된 극장처럼 생긴 자리에 앉아 투명한 지붕과 창문을 통해 뉴욕의 거리를 구경했다. 버스에 오르자 두 명의 여성 호스트가 버스의 앞뒤 양쪽에서 마이크를 들고 끊임없이 만담을 이어갔다.

물론 호스트들이 들려주는 여행에 유익한 정보들과 건물 곳곳에 숨겨진 비하인드 스토리들도 영어를 잘 못하면 소음으로 들릴 수 있다. 하지만 영어를 못하는 외국인들도 즐길 거리는 충분했다. 맨해튼의 거리가 트래픽이 심하고 신호등이 많아서인지 아니면 의도적인 것인지 버스는 자주 멈춰섰고, 그때마다 버스 창문 너머로 깜짝 공연을 볼 수 있었다. 행인인 것처럼 지나가던 사람이 갑자기 버스를 향해 손을 흔들더니 랩을 하고 춤을 춘다거나 뮤지컬과 발레를 하는 재미있는 길거리 공연에 승객들은 모두 환호했다.

창문이 모두 닫혀 있음에도 버스 내 스피커를 통해 바깥에서 하는 대화와 노래 소리는 충분히 잘 전달되었고, 버스 안 관광객들은 흥에 겨워 "New York, New York"이라며 노래를 따라 부르기도 했다.

내가 더 라이드를 탄 날은 버스에 있던 한 아이의 생일이었다. 미리 가족들이 제보를 해서인지 거리 공연자들이 아이의 이름을 부르며 생일 축하 메시지를 전하자 아이는 놀란 표정을 지으며 행복해했다.

75분의 시간이 순식간에 지나갔다. 다음에 뉴욕에 오면 VR 고글을 쓰고 90분 동안 맨해튼의 거리를 누비는 '다운타운 익스피리언스 버스 Downtown Experience Bus'를 한 번 이용해 봐야겠다고 생각했다.

한편으로는 대한민국의 서울에는 왜 이런 상품이 없을까 하는 아쉬움이 들었다. 우리나라는 해외에도 잘 알려진 IT와 문화강국이 아니던가. 더 라이드는 IT와 문화 공연이 결합된 대한민국이라는 브랜드의 색깔을 가장 잘 보여줄 수 있는 상품이 될 수 있다. 더 라이드에서 사용하는 VR 고글이 삼성전자 브랜드라고 하니 더 아쉬웠다.

물론 더 라이드가 재밌었던 것은 의도적으로 길거리에 숨겨둔 공연뿐 아니라 길거리에서 마주치는 시민들이(관광객들도 다수겠지만) 웃으며 손을 흔들어주는 따뜻함이 느껴져서였다. 서울에서 더 라이드와 같은 관광상품이 성공하기 위해서는 지나가다 눈빛만 마주쳐도 서로 "HI" 하고 인사하는 삶의 방식이 먼저 변해야 하는지도 모르겠다.

렌터카의 악몽,
하지만 아름다운 휴먼 브랜드

미국 _ 허츠렌터카

단지 바란 건 따뜻한 말 한 마디

나는 가급적 여행지에서 운전을 피하려 하지만 어쩔 수 없이 해야 할 때가 있다. 특히 렌터카를 빌려 운전을 하지 않으면 이동이 쉽지 않은 곳들이 있다. 라스베이거스에서 그랜드캐년으로 이동할 때가 그랬다. 4~5시간을 운전해야만 가장 효율적으로 갈 수 있는 곳이기 때문이다.

　라스베이거스 공항에 도착하자마자 '허츠Hertz 렌터카'에서 SUV 자동차를 렌트했다. 그랜드캐년에는 1월에 눈이 자주 오기 때문에 작은 세단보다는 SUV가 안전할 것이라 생각했다. 미국에서 가입한 자동차 보험과 신용카드사의 혜택에 자동차 렌트 시 필요한 필수 보험들이 이미 포함되어 있었지만, 사고 발생 시 가장 편리하게 처리할 수 있는 보험이 렌터카 회사에서 제공하는 완전 자차 보험이라서 비싼 돈을 주고 추가로 가입했다.

다음날 아침 한인마트에 들러 김밥, 반찬 등 몇 가지 음식들을 사서 그랜드캐년에 미리 예약해 둔 로지로 향했다. 그런데 로지까지 얼마남지 않은 곳에서 갑자기 내비게이션이 숲속 작은 길로 안내를 하는 것이었다. 전날 비가 와서 도로 상태가 좋아 보이지 않았지만, 내비게이션이 안내하는 길이고 SUV 자동차이니 큰 문제없겠지 생각하고 따라갔다.

하지만 점점 좁은 숲길로 들어섰고 마침내 차가 진흙탕 속에 빠져버렸다. 시간은 오후 4시 30분. 겨울이라 벌써 어둑어둑한데 사방에서 이상한 짐승 울음소리까지 들리자 뒷자리에 앉아 있던 아들이 울음을 터트렸다. 나는 차 밑으로 들어가 맨손으로 진흙을 긁어낸 후 차에 실린 모든 짐을 내리고 다시 차의 시동을 걸어 웅덩이에서 빠져나오려 했지만 차바퀴는 오히려 진흙 속으로 더 빨려 들어갔다.

도저히 안 되겠다 싶어 렌터카 회사에 전화를 걸어 도움을 요청했다. 하지만 돌아오는 건 GPS로 정확한 위치 확인이 안 되어 차를 보내줄 수 없다는 거절이었다. 내비게이션에 위치가 나오는데 왜 확인이 안 된다는 걸까. 상담원의 건조한 목소리를 듣고 있으니 우리를 걱정하고 적극적으로 도와주려는 태도가 전혀 느껴지지 않아 서운하기도 하고 화가 나기도 했다.

결국 상담원은 본인이 도와주기 힘들 것 같으니 911에 구조 요청을 하라고 했지만, 그건 마지막 보루라 생각하고 나는 스스로 해결해 보고자 다시 진흙탕 속으로 들어갔다. 그렇게 또 다시 1시간 30분이 지났고 점점 어두워져 가면서 긴장감이 찾아왔다. 그때 20대 후반으로 보이는 남녀가 타고 있는 4륜 구동 트럭 한 대가 우리 옆을 지나갔다. 나는 상황을 설명하고 도와달라고 간절히 부탁했고, 그들은 전혀 주저하지 않고 진흙 속으로 뛰어들었다.

트럭에 로프를 연결하고 우리 차를 끌어내려 했지만 로프가 끊어져 버렸다. 이제 어떻게 해야 하나 몹시 당황하고 있던 차에 그들은 15분 거리에 있는 집에 가서 더 단단한 로프를 가져올 테니 믿고 기다리라고 했다. 반드시 돌아온다고 우리를 안심시키며 전화번호를 알려주고 떠났다.

30분이 지나자 그들은 큰 로프를 가지고 정말 돌아왔다. 하지만 그동안 차가 더 깊게 잠겨 로프 연결이 쉽지 않았다. 그러자 자동차를 잘 아는 친구들을 부를 테니 걱정 말라고 우리를 또 한 번 안심시켰다. 그리고는 여행을 망쳐 어쩌냐며 오히려 우리를 걱정해 주었다. 상담원과의 대화에서 느끼지 못했던 따뜻한 한 마디에 눈시울이 붉어졌다.

약 20분 후 트럭 3대가 도착했고 5명의 사람들이 함께 진흙 속에서 차를 밀었다. 그래도 차가 움직이지 않자 그 중 한 명이 진흙을 뒤집어 쓰고 뒷바퀴 밑으로 들어가 로프를 간신히 연결해 준 덕분에 마침내 차를 진흙에서 무사히 끌어낼 수 있었다.

시간을 보니 밤 8시였고 주변은 이미 어두워져 아무것도 보이지 않았다. 그들은 큰길까지 가다가 다시 웅덩이에 빠질 수 있다며 우리 차를 대신 운전해 주겠다고 했다. 그렇게 우리는 큰길까지 무사히 나올 수 있었다.

고맙다고 거듭 인사를 하는 우리에게 그들은 도움을 줄 수 있어 오히려 기쁘다고 말했다. 그리고 처음 우리를 발견했던 남녀는 우리를 숙소까지 안내할 테니 자기 차 뒤를 따라오라고 했다.

숙소 앞 주차장에 도착한 후 작별 인사를 하기 전 지갑을 보니 현금이 딱 100달러 있었다. 부족하지만 세탁비로라도 써달라고 돈을 건넸지만 그들은 극구 사양하고 받지 않았다. 자신들이 사는 곳에 놀러와서 어려움을 당한 외지인을 돕는 건 너무 당연하다고 말하면서.

정말 이런 천사들이 또 있을까. 눈물이 날 뻔했다. 그들과 마지막 포옹을 하고 헤어졌는데 사진 한 장 같이 찍는 것조차 잊어버렸다. 물론 온몸에 진흙 범벅이 된 모습으로 사진을 찍자고 하면 거절했을지도 모르겠다. 내가 아는 건 그들의 이름이 캐시와 마이클이라는 것뿐이다.[*] 그들은 지금껏 살면서 내가 만난 가장 아름다운 '휴먼 브랜드'이다.

그날 밤 10시부터 매서운 눈보라가 일었는데 그들이 구해주지 않았다면 눈으로 뒤덮인 숲속에 갇힐 뻔했다. 다음날 밤에는 그랜드캐년 도

---

[*] 솔직히 정확한 영문명도 모른다

로에서 운전 중인 우리 차 바로 앞에 맹수에 쫓기는 사슴 다섯 마리가 뛰어들어 또 한 번 위기를 경험했다. 저 맹수가 차 안에 있는 김밥과 각종 반찬의 냄새를 맡고 우리를 공격했다면 아프리카 정글의 사파리와 다름없었을 것이라 생각하니 전날 밤의 사고가 더 아찔하게 다가왔다.

물론 이 사건으로 그랜드캐년의 일몰을 보겠다는 계획은 무산되었다. 그로부터 한참이 지나서야 내비게이션이 그런 길로 안내한 이유를 알 수 있었다. 미국에서 지내는 동안 줄곧 '웨이즈Waze'*라는 내비게이션 앱을 사용했는데, 동네에서 가까운 마트를 갈 때에도 불필요하게 유료 도로를 안내해 톨게이트 프리Toll free 기능을 켜둔 것이 화근이었다.

내비게이션 딴에는 국립공원인 그랜드캐년 입장료(35달러)를 피하게 하려고 우리를 우회도로로 안내했던 것이다. 그 탓에 우리는 렌터카 회사에 차를 더럽혔다는 이유로 클리닝 요금 100달러를 지불해야 했다.

요금이 너무 과하다고 생각해 매니저에게 컴플레인을 했지만 다른 렌터카 회사라면 300달러를 부과했을 터인데 많이 봐준 거라고 딱 잘라 말하는 통에 더이상 반박도 할 수 없었다. 그러면서 또 다음에 이용할 때 쓰라면서 25달러짜리 바우처를 주었다. 위기에 처해 전화했을 때

---

* 웨이즈Waze는 구글 맵과 달리 교통경찰이 자주 잠복해 있는 곳을 알려준다. 또한 시각적으로도 구글맵보다 보기가 좋으며, 기능적 옵션들이 많아 사용이 더 편리하다. 하지만 구글 맵과 같이 오프라인 맵을 다운받을 수가 없다. 따라서 통신 데이터 사용이 불가능한 외지에서는 이용이 불가능하므로, 여행을 떠나기 전 혹시나 모를 위험에 대비하기 위해 여행지를 설정해 구글 맵을 오프라인으로 미리 다운로드 받아 놓을 것을 추천한다.

상담원으로부터 걱정하는 말 한 마디 듣지 못했는데 이제와 선심 쓰듯 바우처를 주는데 기분이 썩 좋지 않았다.

아마 그들은 회사가 정한 매뉴얼에 따라 정확히 고객을 응대했을지도 모른다. 하지만 고객 접점 직원들은 매뉴얼을 뛰어넘는 무언가가 있어야 한다. 그것은 바로 기업문화에 녹아 있는 고객 지향적 마인드이다. 꾸준한 내부 브랜딩Internal Branding의 노력이 있어야 비로소 강한 브랜드가 될 수 있다.

걸으면
비로소 보이는 것들

미국 _ 스케이트 보드 금지 안내판

우선 맥락을 보라

프롤로그에서 말한 것처럼 여행을 '행복의 종합 세트'라고 얘기하는 이유는 산책, 먹기, 대화가 모두 포함된 활동이기 때문이다. 도보 여행은 이 세 가지 조건을 가장 잘 충족시키는 여행 방법이다. 더욱이 사람들의 행동 관찰을 좋아하는 나에겐 도보 여행만큼 좋은 것이 없다.

한 연구 결과에 따르면 구글 맵을 보면서 목적지로 이동한 사람보다 지도로 대략적인 위치를 확인하고 이동한 사람의 여행 만족도가 높다. 구글 맵을 켜는 순간 주변을 볼 수 없고 시선이 스마트폰에 집중되기 때문이다. 따라서 가능하다면 도보 여행 시 구글 맵을 켜지 말고 주변을 좀 더 많이 둘러보라고 조언하고 싶다. 물론 나처럼 길치에게는 쉬운 미

맥락의 중요성을 일깨워 준 스케이트 보드 금지 안내판

션이 아니다.

　미국 플로리다 세인트 어거스틴의 작은 골목길을 걷다 아들이 갑자기 "아빠, 이 길에서는 얼굴 찌푸리면 안 된대요"라고 소리쳤다. 뜬금없는 얘기에 오히려 인상을 쓰며 "갑자기 무슨 말이야?"라고 물었다. 그러자 아들이 눈앞에 있는 거리 사인을 손가락으로 가리키며 "가운데 그림 좀 봐요"라고 말했다.

　아들이 가리키는 곳을 보니 스케이트 보드를 타지 말라고 하는 사인이었다. 스케이트 보드의 가운데를 가로 지른 사선 때문에 마치 인상을 쓰는 사람의 눈 모양처럼 보이기도 했다. 순간 웃음이 터져 나왔지만 영문을 알지 못해 의아해하는 아들에게 이유부터 설명해 주고 나서야 한참을 함께 웃을 수 있었다.

만약 위아래에 자전거와 롤러스케이트 금지 사인들이 없었다면 나역시 충분히 오해할 수 있는 상황이었다. 그런 경우에는 다른 길에서 만난 사인처럼 정확한 의미를 전달하기 위해 글자 등을 포함한 보다 분명한 커뮤니케이션을 할 필요가 있다. 나는 아들에게 항상 맥락을 같이 봐야 한다는 큰 가르침을 주고 싶었지만 '맥락'의 의미가 무엇인지부터 설명해야 하는 어려움에 포기해야 했다.

소비자의 정보 처리에서도 맥락은 매우 중요한 역할을 한다. 소비자 앞에 어떤 경쟁 브랜드가 함께 있느냐에 따라 우리 브랜드에 대한 소비자의 평가는 완전히 달라질 수 있다. 예를 들어 컬러 광고가 흑백 광고보다 더 소비자의 주의를 끌 것 같지만 많은 컬러 광고들 속에 있는 하나의 흑백 광고는 그 반대가 되기도 한다.[*]

흔히 브랜드 포지셔닝이라고 말하는 것도 결국 경쟁 브랜드와의 상대적 위치를 의미한다. 내가 바뀌지 않아도 경쟁 브랜드가 바뀌면 소비자가 인식하는 우리 브랜드에 대한 이미지는 확연히 달라질 수 있다. 즉 내가 가진 차별점이 누구와 함께 있느냐에 따라 강점이 될 수도, 약점이 될 수도 있다.

---

[*] 소비자 행동 연구자들은 소비자의 주의를 끌기 위해서는 두드러짐Salience이 중요하다고 말한다. 두드러짐은 얼핏 생각하면 평평한 곳에서 홀로 튀어나온 것을 의미하는 것 같지만, 반대로 모두가 튀어나온 곳에서 혼자 안으로 들어간 것을 의미할 수도 있다.

따라서 소비자가 우리 브랜드를 어떤 맥락에서 평가하는지 곰곰이 생각해 볼 필요가 있다. 브랜드 콘셉트가 기가 막힌데 왜 안 팔리는지 이해할 수 없다고 하소연하는 마케터들을 보면 소비 맥락에 대한 이해가 부족한 경우가 적지 않다.

뉴욕 지하철에서
생긴 일

미국 _ 뉴욕 지하철

고정관념을 무너뜨린 그들

뉴욕의 지하철은 악명이 높다. 쥐라도 한 마리 위에서 떨어질 법한 낡은 지하철. 천정을 쳐다보지 않는 것이 정신건강에 도움이 된다. 나는 2019년 8월, 가족들과 뉴욕 여행을 가서 처음으로 지하철을 탔을 때의 기억을 잊을 수 없다. 어린 아들을 잃어버릴 뻔한 경험을 했기 때문이다.

　지하철 계단을 내려가 승강장이 왼쪽인지 오른쪽인지 고민하는 동안 기차가 도착했고, 오른쪽이 맞는 것 같다는 얘기를 들은 아이는 엄마의 손을 놓고 혼자 급히 열차 안으로 들어갔다. 나와 아내는 서둘러 뒤따라 타려 했지만 이미 기차의 문은 닫혀 버렸다. 정말 하늘이 노랗게

인도인에 대한 이미지를 바꿔준 뉴욕 지하철 은인

보였고 너무 당황해서 아무 말도 못한 채 그 자리에서 멈춰 버렸다.

그때 우리를 옆에서 지켜보던 한 중년의 남성이 열차의 문을 두드리며 큰 목소리로 문을 열라고 소리쳤다. 상황을 알게 된 주변 사람들도 동조해 주었고 할머니 한 분은 가만히 다가와 우리를 안심시켜 주었다. 그제야 나는 기차 안에서 아들 옆에 서 있던 다른 중년의 여성에게 혹시라도 기차가 출발하면 다음 역에 내려서 아이와 함께 있어 달라고 부탁했다.

목소리는 잘 들리지 않았겠지만 입 모양을 보고 이해했는지 그 여성은 고개를 끄덕이고 스마트폰의 계산기 앱을 열어 전화번호를 찍어서 보여주었다. 한자리가 모자랐는지 마지막 숫자는 손가락으로 표현했다. 그 전화번호를 사진으로 찍어 두고 나자 조금 마음이 놓였다. 아들에게 나중에 들은 얘기지만 전화번호를 알려준 여성은 열차 안에 비치된 전화기로 기관실에 아이가 혼자 탔으니 출발하지 말아 달라는 연락을 했다고 한다.

얼마나 지났을까. 기차가 한참 동안 출발을 하지 못하고 있는 가운데 멀리서 지하철 직원이 우리 쪽으로 걸어오는 모습이 보였다. 마침내 그가 수동으로 아들이 있는 열차 칸의 문을 열어 주자 우리는 아들이 있는 기차 안으로 들어갈 수 있었다.

얼핏 생각해도 10분 넘게 기다렸을 것 같은데 열차 안에 있던 누구도 우리를 탓하지 않았다. 오히려 괜찮은지 물어보며 미소를 건넸다. 나중에 안 사실이지만 아들은 나와 아내의 전화번호와 주소, 머무는 호텔까지 어느 것 하나 정확하게 기억하고 있는 게 없었다. 지금 생각해도 정말 아찔한 순간이었다.

돌이켜 보니 우리를 도와준 사람들이 모두 인도인들인 것 같다. 처음 큰 소리로 문을 열라고 외쳐준 남성도, 우리를 안심시키던 할머니도, 전화번호를 알려준 여성도.

사실 여행을 떠나기 전 아내와 난 아들의 학교와 동네 주변에 인도인들이 많다고 불평했다. 한 달간 인도에서 인턴 생활을 한 아내와 인도 출장을 다녀온 경험이 있는 나는 인도인들이 사람들을 잘 속이고 예의가 없다는 고정관념을 가지고 있었기 때문이었다.

하지만 이 경험을 통해 우리는 잘못된 선입견을 반성하게 되었다. 덕분에 여행에서 돌아온 후 동네에서 만나는 인도인들과 더 친근하게 인사를 나눌 수 있었다.

고정관념은 쉽게 깨지지 않는다. 오히려 새로운 정보들이 고정관념을 강화하는 방향으로 재해석되면서 더 단단해질 가능성이 높다. 브랜드도 마찬가지다. 한번 부정적으로 낙인 찍힌 브랜드는 고객의 마음을 다시 얻기가 매우 힘들다.

하지만 고객이 정말 힘든 순간 진심이 전해질 때, 두껍게 얼어 있던 빙판에 작은 금이 생기면서 한번에 무너질 수도 있다. 코로나19로 전 세계가 떠들썩하던 2020년에 다시 생각해 볼 기회를 주었던 브랜드들이 적지 않았다. 모두에게 위기가 누군가에게는 기회가 된다는 말은 브랜딩에도 적용될 수 있다.

에필로그

'대한민국'이라는
브랜드 이미지

한국을 떠나 여행을 하다 보면 내가 속해 있는 이 작은 나라가 때로는
초라하게, 때로는 자랑스럽게 느껴질 때가 있다. 한번은 미국의 마트에
서 중국 기업이 만든 일본식 김치가 판매되는 것을 보면서 소중한 우리
것을 제대로 지키지 못하는 게 부끄럽게 느껴졌다. 이대로라면 머지않
아 우리나라를 대표하는 음식이 김치가 아니라 영화 '기생충'에 나오는
'짜파구리'가 될지도 모르겠다는 생각이 들었다.

반면 코로나19에 걸린 환자를 돌보기 위해 방역복에 눌린 얼굴에 여
기저기 반창고를 붙인 어느 간호사의 사진을 먼 이국땅에서 만났을 때
는 가슴이 뜨거워졌고 대한민국 국민임이 자랑스럽게 느껴졌다. BTS가
빌보드 차트에서 1위를 차지했을 때에도, '기생충'이 아카데미 4개 부
문을 휩쓸었을 때에도 크게 와닿지 않은 한국인으로서의 긍지를 그 사

진 한 장을 통해 느낄 수 있었다.

사실 여행을 가보면 우리나라보다 타인에 대한 배려를 더 잘하고 있다고 생각되는 나라들이 많다. 특히 미국의 사회적 약자에 대한 배려는 인상적이었다. 올랜도에 있는 디즈니월드에 갔을 때 나는 한국의 놀이동산에서는 거의 볼 수 없던 휠체어를 탄 장애인들을 수없이 만났다. 유니버설스튜디오를 방문했을 때는 야외 뮤지컬 공연 무대 한켠에서 수화를 하고 있는 직원에게 내내 눈길이 갔다.

가끔은 지나치다 싶을 만큼 아이들의 안전을 우선시하는 제도도 경험했다. 미국에서는 스쿨버스가 정차하면 마주 오는 반대편 차량도 함께 멈춰 서야 한다. 차를 타기 위해 또는 차에서 내려 길을 건너는 아이들의 안전을 지켜 주기 위해서다. 미국 운전면허증을 따기 위해 필기시험 공부를 해보면 스쿨버스 관련 교통 위반에 대한 처벌 수위가 가장 높다는 것을 알 수 있다.

하지만 미국인들의 약자에 대한 배려는 그들의 심성이 우리보다 착해서가 아닌 듯했다. 문화적으로 학습된 결과이며 이를 뒷받침해 주는 시스템(법과 제도)의 힘으로 보였다. 실제로 위기 상황에서 드러난 그들의 민낯은 평소와는 큰 차이가 있었다.

미국인들은 코로나19가 확산 일로에 들자 타인을 전혀 생각하지 않고 영수증만 있으면 언제든 반품할 수 있다는 생각에 식료품과 생필품을 사재기하기 시작했다. 실제로 아침 일찍 마트에 가도 많은 진열

대가 텅텅 비어 있었고, 급기야 마트들은 1인당 구매 개수를 제한해야

했다.

　심지어 중국인을 비롯한 동양인 혐오 범죄가 생겨나고, 마트에서 동

양계 어린아이에게 칼을 휘두르는 일까지 일어났다. 또한 경제적 수준

이 낮은 흑인들의 코로나19 사망률이 현저히 높았으며, 그 와중에 백인

경찰의 과잉 진압으로 흑인이 사망하는 사건도 발생했다. 내가 부러워

하던 약자를 배려하는 미국의 문화는 위기에서 너무나 쉽게 무너져 버

렸다.

　반면 같은 위기에서 한국은 오히려 감춰진 강점들이 드러났다. 전국

의 의료진들이 자발적으로 모여들었고, 상가 임대료를 인하하며 세입

자와 고통을 분담하는 '착한 임대인'들이 등장했다. 기업들은 자신들

소유의 여러 시설을 병실이 부족한 환자들을 위해 내놓았다.

　미국에서 코로나19가 한창 확산되던 무렵, 내가 사는 동네의 소식을

전하는 '넥스트 도어Next Door'라는 앱에 마스크가 주렁주렁 달린 나무

Mask Tree 사진 한 장이 올라온 적이 있다. 당시 시판되는 마스크를 구하

기가 매우 힘들었는데, 누군가 이웃들을 위해 손수 만든 마스크를 하나

씩 지퍼백에 담아 나무에 걸어두고 무료로 가져가게 한 것이었다.

　그 사진에는 배려심에 대한 고마움과 더불어 창의적인 아이디어에

대한 무수한 극찬들이 댓글로 달려 있었다. 그런데 유심히 살펴보니 사

진을 올린 사람은 다름 아닌 한국인이었다.

이처럼 위기 상황에서 보여준 한국인들의 배려는 시스템의 힘이 아니라 공동체 정신에서 나온 마음의 나눔이다. 나는 '대한민국'이라는 브랜드가 가진 가장 큰 장점이 여기에 있다고 생각한다.

세계 각국에서 한국의 드라이브 스루 검진 방법을 배워 갔음에도 정작 의료진의 숫자가 부족해 실효를 거두지 못하고 있다고 한다. 시스템은 따라잡을 수 있어도 마음을 따라잡기는 쉽지 않다.

나는 '대한민국'이란 브랜드가 강한 국가가 아니라 부러움을 받는 국가의 이미지를 가졌으면 좋겠다. 미국과 중국이 세계에서 가장 강한 국가라는 것은 누구도 부정할 수 없다. 하지만 그들이 가장 부러운 국가인지 묻는다면 대답이 망설여진다.

국민이 행복해 보여야 부러움을 받을 수 있다. 외국인들이 바라보는 대한민국에 대한 이미지가 엔터테인먼트를 중심으로 한 한류에 큰 영향을 받은 것은 사실이지만, 이는 지극히 일부에 불과하다. 우리 개개인이 바로 '대한민국'이라는 브랜드의 이미지를 만들고 유지해 내는 주체라는 점을 기억해야 한다.

한국을 찾은 외국인들뿐 아니라 우리가 해외여행에서 만나는 현지인들은 우리의 행동과 태도를 개개인의 이름이 아닌 '대한민국'이라는 브랜드로 평가한다. 우리의 가장 큰 장점인 마음에서 우러나온 배려를 나라 안팎에서 좀 더 적극적으로 실천할 때 대한민국은 분명 가장 부러움을 받는 국가가 될 수 있다.

여행은 결국 돌아오기 위해 떠나는 것이다. 아무리 멋진 여행지를 다녀와도 결국 돌아올 곳은 대한민국이다. 돌아오는 발걸음이 좀 더 가벼울 수 있는 대한민국을 만들기 위해 함께 노력하면 좋겠다.

에필로그

여행이 끝날 때
오히려 설레는 이유

코로나19가 우리나라에서도 확산되기 시작한 2020년 2월, 터키 이스탄불로 여행을 갔을 때 줄루센터ZORLU Center라는 쇼핑몰 내의 푸드코트에서 불쾌한 일을 겪은 적이 있다. 일행과 저녁 식사를 하기 위해 동서양의 퓨전 음식 식당 한 곳을 정해 주문을 하려는 순간 직원이 우릴 보고 기침을 하는 흉내를 냈다. 처음엔 영문을 몰랐는데, 알고 보니 코로나19와 관련한 동양인에 대한 차별적 행동이었다.

분명히 한국에서 왔다고 얘기했고 터키는 '형제의 나라'라고 불리기에 우리에 대한 친근감을 나타낼 거라 기대했는데 오히려 조롱을 당했다. 물론 그들에게 코로나19는 반가운 손님이 아니었을 것이다. 연일 언론에서 대구 신천지 사태를 보도하고 있던 터라 그럴 수도 있지 싶으면서도 어쩔 수 없는 불편한 마음을 안고 호텔로 돌아갔다.

다음날 괜히 차별 대우를 받을까 걱정되어 사람들이 많이 모이는 유명 관광지는 포기하고 작은 마을인 '발랏Ballat'을 둘러보다가 점심 때가 되어 지역의 전통 음식점을 찾았다. 현지인들이 많이 갈 것 같은 분위기였는데, 신기하게도 백종원 대표가 tvN의 '스트리트 푸드 파이터 2'라는 프로그램에서 다녀간 곳이었다.

식당의 주인은 우리가 한국에서 온 것을 대번 알아보고 반갑게 맞이해 주었다. 전날 푸드코트에서 느꼈던 터키에 대한 안 좋은 감정이 순식간에 사라졌다. 역시 사람에겐 사람이 필요하며 사람에게서 받은 상처는 사람에게서 치유될 수 있었다. 맛있는 식사에 덤으로 얻은 친절은 여행의 즐거움을 더해 주었다.

2008년, 나를 여행의 세계로 이끈 호주에서의 생활은 글로벌 브랜드를 바라보는 기준을 바꾸게 해주었다. 언어를 넘어 그 나라의 역사와 문화의 이해에 대한 중요성을 깨닫게 되었고 생활해 보지 않았다면 몰랐을 그 지역만의 브랜드 환경에 대해서도 생각하게 되었다.

이후 지난 12년 동안 매년 브랜드 여행을 떠났다. 여행지를 선택할 때의 기준은 기존에 가보지 않은 곳이 우선이었고 기왕이면 유럽 국가들을 선호했다. 세계 여행이라는 관점에서 보면 아프리카 국가들과 남미 국가들도 방문해야 하지만 우선 유럽을 선택해 집중한 후 나중에 다른 대륙의 국가들로 넓혀 가기로 했다. 그렇게 유럽 국가들을 여행하면서 그 지역만의 특화된 브랜드 사례들을 많이 접할 수 있었다.

예를 들어 2017년 2월 노르웨이 오슬로에서 본 신발 전문점 '테니스 Tennis'는 여러 브랜드의 테니스화만 모아서 판매하는 곳이다. 대부분의 신발 종합몰 브랜드들은 다양한 품목의 신발들을 동시에 취급하는 경우가 많다. 운동화부터 등산화, 슬리퍼, 정장 구두 등 각종 신발들을 한곳에 모아 놓은 'ABC마트'나 '슈마커', '레스모아'처럼 말이다.

하지만 테니스는 테니스화라는 하나의 품목으로 전문화했다는 점에서 이색적이었다. 우리와 달리 테니스가 인기 스포츠인 유럽 문화의 특성을 잘 보여준 것이 아닌가라는 생각이 들었다.

이처럼 여행에서 만나는 낯선 경험들은 늘 새로움을 준다. 그 새로움은 설렘과 흥분, 때로는 당혹감이 될 수도 있고 마지막에는 언제나 여운을 남긴다. 매년 브랜드 여행을 하면서 반복되는 이 감정들은 내 생활에 활기를 주는 것 같다. 책상 앞에서 인터넷을 통해 탐구할 때는 결코 얻을 수 없는 생생한 정보들이 나로 하여금 여러 나라로 브랜드 여행을 떠나게 만든다.

여행에서 돌아올 때 누군가는 여행을 마치는 것에 대한 아쉬움을 이야기하지만, 나는 여행을 통해 얻은 자료를 내 강의를 듣는 청중들과 공유할 생각에 오히려 들뜬 기분이 된다. 그래서 오늘도 나는 새로운 경험을 기대하며 어딘가에 있을 미지의 브랜드를 찾아 여행을 떠날 준비를 하고 있다.

참고문헌

논문 · 보고서

김상률, '브랜드 프랜차이즈 매장에서의 감각적 경험이 브랜드 태도, 경험적 가치 그리고 소비자 행복에 미치는 영향', 2016

Goldenstein, Cialdini & Griskevicius, 'A room with a viewpoint: using social norms to motivate environmental conservation in hotels', Journal of Consumer Research, 2008

Herz. R. S., 'A Naturalistic analysis of autobiographical memories triggered by olfactory visual and auditory stimuli', Chemical Senses, 2004

Kahneman et al., 'When more pain is preferred to less: adding a better end', Psychological Science, 1993

도서

김지영, 『JustGo 스페인/포르투갈』, 시공사

김현숙, 『이스탄불 홀리데이』, 꿈의지도

마틴 린드스트롬, 『세계 최고 브랜드에게 배우는 오감 브랜딩』, 랜덤하우스중앙

박지우, 『Enjoy 두바이』, 넥서스북스

유상현, 『부다페스트 홀리데이』, 꿈의지도

이세영, 『그럴땐 몰타』, 상상력놀이터

정기범, 『JustGo 이탈리아』, 시공사

조대현, 『트래블로그 발트3국&헬싱키』, 나우출판사

조대현, 『트래블로그 폴란드』, 나우출판사

언론

고아라, "새하얀 미로를 헤매는 기쁨…그리스 미코노스", 한국경제, 2018년 11월 25일자

김지현, "파이브가이즈가 가장 사랑받는 햄버거가 된 이유", TTIMES, 2018년 9월 20일자

박영주, "밀가루 그 이상의 '곰표'", 문화저널21, 2020년 6월 2일자

이재원, "스타벅스도 못한 일을 해낸 파네라의 비결", TTIMES, 2017년 10월 10일자

이지현, "'우주피스 공화국', 일년에 단 하루 '만우절'에 존재하는 나라", 스포츠조선, 2016년 12월 18일자

Jill Comoletti, "McDonald's Is Becoming A Popular Wedding Venue In Hong Kong", Business Insider, 2014년 7월 15일자

Kristin Hunt, "15 things you didn't know about Five Guys Burgers and Fries", Thrillist, 2013년 12월 1일자

Liz Biro, "Shake Shack: what to know about the burger place coming to Fishers, Indianapolis' airport", IndyStar, 2019년 3월 13일자

Web

나무위키(예술의 전당)

두산백과(리투아니아, 몰타, 부르즈 칼리파 , 암스테르담, 카타르, 포르투, 피렌체)

매일경제용어사전(인스타그래머블)

미술대사전 용어편(몰타)

위키백과(현대차그룹 글로벌비즈니스센터GBC, Souq Waqif)

한경 경제용어사전(자물쇠 효과)

덴마크왕립도서관(kb.dk/en)

시드니 오페라하우스(sydneyoperahouse.com)

에스플러네이드(esplanade.com)

이슬람예술박물관(mia.org.qr)

카타르항공(www.qatarairways.com)

사진

043p 플리커 | peanutian | CC BY-SA 2.0

057p 플리커 | slayer | CC BY 2.0

153p 플리커 | Squeezyboy | CC BY 2.0

　　　 플리커 | modery | CC BY 2.0

154p 플리커 | Bernard Spragg. NZ | Public Domain

164p 플리커 | Matt Rubens | CC BY-SA 2.0

168p 플리커 | iñaki | CC BY 2.0

176p 플리커 | Drouyn Cambridge | CC BY 2.0

186p 플리커 | Denis Carrascosa | Public Domain

　　　 플리커 | Just Booked A Trip | CC BY 2.0

　　　 플리커 | Catchpenny | CC BY-ND 2.0

287p 플리커 | Yahoo Finance Canada | CC BY 2.0

　　　 플리커 | Dan Nevill | CC BY-ND 2.0

브랜드 여행

초판 1쇄 발행 2020년 12월 11일
초판 2쇄 발행 2021년 1월 15일

지 은 이 김지헌 · 김상률
발 행 인 한수희
발 행 처 KMAC
편 집 장 이창호
책임편집 최주한
홍보·마케팅 김선정, 박예진, 이동언
디 자 인 이든디자인
출판등록 1991년 10월 15일 제1991-000016호
주   소 서울 영등포구 여의공원로 101, 8층
문의전화 02-3786-0752 **팩스** 02-3786-0107
홈페이지 http://kmacbook.kmac.co.kr

ISBN 978-89-90701-41-1 13320

값 17,000원
잘못된 책은 바꾸어 드립니다.